日本鐵路便當圖鑑

豐富食材＋鄉土特色＋在地文化漫遊

Eri Nakada　著

李友君　譯

鐵路便當,是洋溢鄉土飲食文化的小宇宙!

充滿日本人獨有的美學與愛。

飲食不只事關美味,還可以傳達風土、食材、文化、產季,

甚或是個性,不僅僅是好吃與否如此單純。

鐵路便當可以讓你了解及愛上旅行所到之處,

也可以當作旅遊的目的,

感激這份邂逅,今天的便當也很打動人心!

北海道

青森

岩手

秋田

宮城

山形

新潟

福島

石川

富山

長野

群馬

栃木

茨城

福井

岐阜

山梨

埼玉

千葉

滋賀

愛知

静岡

三重

神奈川

東京

沖縄

目次

專欄

鐵路便當女子熱愛的鐵路便當十選

機會難得，好想吃美味可口，
賞心悅目，帶有地方色彩，
以上三種要素兼具的鐵路便當。
這裡會挑選出我喜歡的菜色，相信大家一定也會喜歡。

鐵路便當銷售額第一名，
是便當基本款中的基本款。

崎陽軒創業於明治四十一年（一九○八），由
橫濱站（現在的）第四任站長久保久行退休後
開設的鐵路便當店起家。因為中國人將他的籍
貫地長崎稱為「崎陽」，所以命名為「崎陽軒」。

燒賣便當誕生於昭和三年（一九二八）。冷了也好吃，只有一口大小，在搖晃的車廂裡容易食用，發售以來就是不變的菜色。材料有豬肉、洋蔥、青豆仁、干貝。調味料則有鹽巴、胡椒、砂糖、澱粉。這項產品從早上四點開始製作，六點陳列在鐵路便當店，以便在電車行駛期間購買，算得上是鐵路便當的代表。橫濱工廠高科技機器人生產的燒賣一天多達八十萬顆！

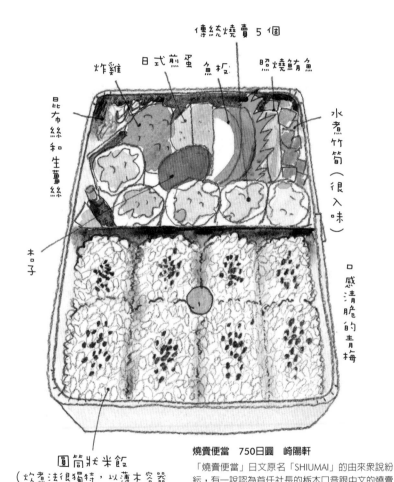

傳統燒賣5個

炸雞　日式煎蛋　魚板　照燒鯖魚

昆布絲和生薑絲

水煮竹筍（很入味）

木口子

口感清脆的青梅

圓筒狀米飯
（炊煮法很獨特，以薄木容器將水分控制得剛剛好……）

燒賣便當　750日圓　崎陽軒
「燒賣便當」日文原名「SHIUMAI」的由來眾說紛紜，有一說認為首任社長的栃木口音跟中文的燒賣發音類似，還加上了好吃（UMAI）的發音。為了守住賞味期限，銷售範圍西以八王子市為限，東以千葉市為限，北以大宮市為限。神奈川縣光是直營店就大約有一百家。橫濱站的直營店、Kiosk零售店等地則有約十五家店在販賣。

復古達摩便當

群馬縣，高崎站

一天限定三十個！
以瀨戶陶磁器
塑造莊嚴的面容

「達摩便當」以紅色塑膠製容器聞名遐邇，「復古達摩便當」則是從平成十八年（二〇〇六）開始銷售，重現昭和三十五年（一九六〇）當時的版本。紅色塑膠版是以山菜為主的樸素便當，以高崎達摩不倒翁發祥地「少林山達摩寺」的精進料理（素食料理，有時也會添加不見血的海鮮類食材）為基礎。復古版便當則將內容物推陳出新，甜薑滷牛肉和醃燒土雞為主菜，分量充足。只要衡量容器的魄力、滋味、嚼勁和價格就知道，當然該買復古達摩便當！

達摩便當　900日圓
高崎便當

昭和四十八年（一九七三）發售。嘴巴開了洞好像可以當作存錢筒，感覺有點呆？菜色講究健康。此外還有「Hello Kitty 達摩便當」（900日圓）。

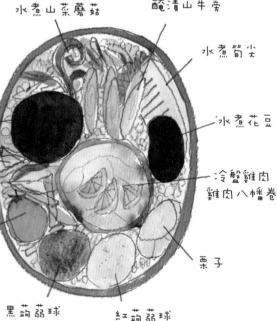

水煮山菜蘑菇
醃漬山牛蒡
水煮筍尖
水煮香菇
水煮花豆
蒟蒻
牛蒡
是重點
冷盤雞肉
雞肉八幡卷
醃漬
小茄子
栗子
黑蒟蒻球
紅蒟蒻球

復古達摩便當

1300 日圓　高崎便當　需預訂

星期六、日和節日一天限做三十個，平日的數量則是前者的一半。這項產品會分送到高崎站的在來線月臺、新幹線剪票口旁、出了剪票口後看見的三家小賣店，以及上信越道橫川休息站，假如能夠趕上就太幸運了。高崎便當是明治十七年（一八八四）創業的悠久老店。

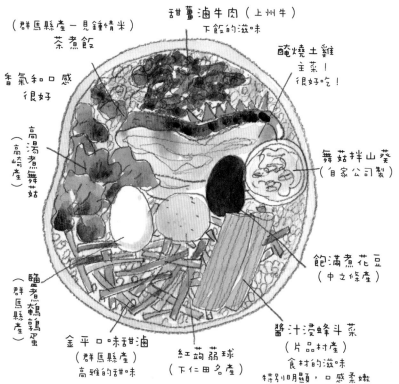

甜薑滷牛肉（上州牛）
下飯的滋味

（群馬縣產一見鍾情米）
茶煮飯

醃燒土雞
主菜
很好吃！

香氣和口感
很好

（高崎產）
高湯煮舞菇

舞菇拌山菜
（自家公司製）

飽滿煮花豆
（中之條產）

醬汁浸蜂斗菜
（片品村產）
食材的滋味
特別明顯，口感柔嫩

（群馬縣產）
滷煮大鵪鶉蛋

金平口味甜滷
（群馬縣產）
高雅的甜味

紅蒟蒻球
（下仁田名產）

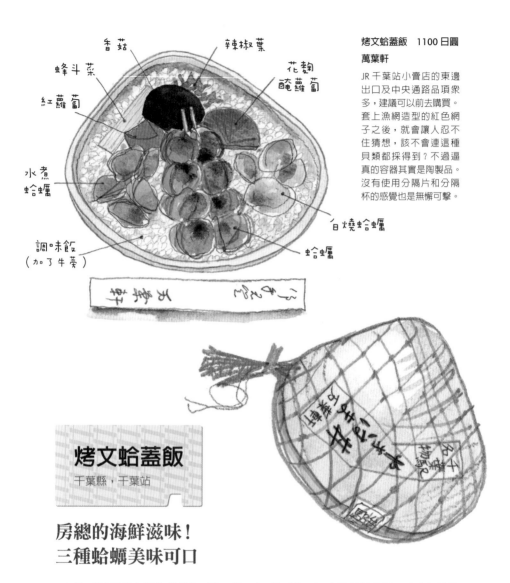

香菇
辣椒葉
蜂斗菜
花麴醃蘿蔔
紅蘿蔔
水煮蛤蠣
調味飯（加了牛蒡）
白燒蛤蠣
蛤蠣

烤文蛤蓋飯　1100日圓
萬葉軒

JR千葉站小賣店的東邊出口及中央通路品項眾多，建議可以前去購買。套上漁網造型的紅色網子之後，就會讓人忍不住猜想，該不會連這種貝類都採得到？不過逼真的容器其實是陶製品。沒有使用分隔片和分隔杯的感覺也是無懈可擊。

烤文蛤蓋飯

千葉縣，千葉站

房總的海鮮滋味！
三種蛤蠣美味可口

　　巨無霸蛤蠣形容器大到嚇人一跳！蓋子一打開，就會讓人肅然起敬。蛤蠣肉質飽滿，三種口味陣容豪華。能夠充分了解食材滋味的白燒蛤蠣、甜鹹恰到好處的甜滷蛤蠣，以及調味較濃的烤蛤蠣串燒，個個滋味深奧，在口中擴散海濱的香氣。沁入醬料的米飯，滷味和其他配角會襯托蛤蠣，滋味高雅清淡。鋪在下面的辣椒葉則會幫所有食材提味，是相當美味的鐵路便當。

熟悉的紅色盒子裡
有兩條原隻墨魚，
讓人想要把旅遊的目的
寄託在墨魚飯上

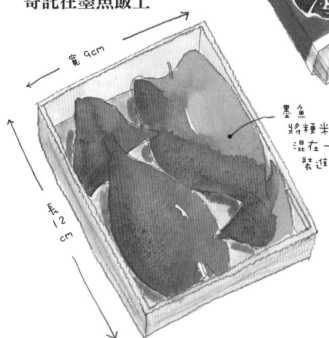

寬 9cm

長 12cm

墨魚
將粳米和糯米
混在一起
裝進去

墨魚飯　500 日圓
墨魚飯阿部商店
這家公司積極在全日本
的特賣會上擺攤。熟悉
而復古的紅色盒子裡，
胖嘟嘟的墨魚看起來很
可愛。只要猛咬一大口，
黏滑的口感和墨魚的風
味就會讓人欲罷不能。
當成下午茶點心也不錯。

　　任誰都吃過這個鐵路便當，沒有必要多加說明。墨魚的軀幹當中塞滿粳米和糯米，煮過之後再以醬油醬汁調味。極為簡單的烹調方式、適中的大小和價格也是長期備受愛戴的原因。各地的鐵路便當大賽和百貨公司地下室的物產展等地，也有很多機會看到這種便當。不曉得各位到目前為止吃過幾次了呢？慚愧的是，其實我還沒有去過森站。所以會把「墨魚飯」當做旅遊的目的，發誓總有一天一定要去！

鮮蝦千兩散壽司

新潟縣，新潟站等地

蝦子和驚喜是
女孩喜愛的東西

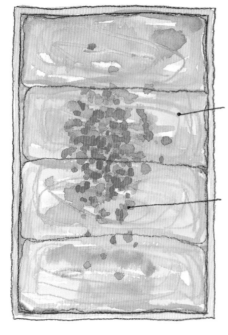

將整塊日式煎蛋
切成薄片
覆蓋在上頭，
甜味降得很清淡。

蝦鬆

鮮蝦千兩散壽司

1200 日圓　新發田三新軒

奢華和樸素交織成均衡的滋
味。隱藏的驚喜為旅程增添
樂趣。

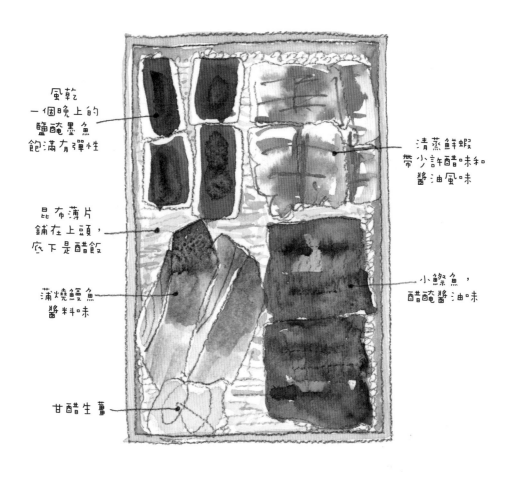

風乾
一個晚上的
鹽醃墨魚
飽滿有彈性

清蒸鮮蝦
帶少許醋味和
醬油風味

昆布薄片
鋪在上頭，
底下是醋飯

小鰶魚，
醋醃醬油味

蒲燒鰻魚
醬料味

甘醋生薑

　　B級感揮之不去的鐵路便當之中，首屈一指的高級貨就是這個。鋪滿整面的日式煎蛋就像千兩金幣一樣，打開存放黃金的盒子就看得見。咦，但是蝦子上面就只有撒昆布薄片嗎？不不不，先別慌。底下藏著四種低調卻豪華的魚貝類。蝦子就不用說了，還有墨魚、醋醃小鰶魚和蒲燒鰻魚，滋味及口感形形色色，可以開心享用。醋飯和各種悉心調味的配料，則以昆布薄片將兩者合一。

絕品明石章魚
造型可愛的蛸壺
也最適合做伴手禮

明石章魚飯

980日圓 淡路屋

這是為紀念明石海峽大橋開通而製
作的鐵路便當。陶製蛸壺造型可
愛，沒那麼重，也最適合做伴手
禮。當初在西明石站販賣，如今則
不只在當地流通，東京站和鐵路便
當大賽上也很受常客歡迎。

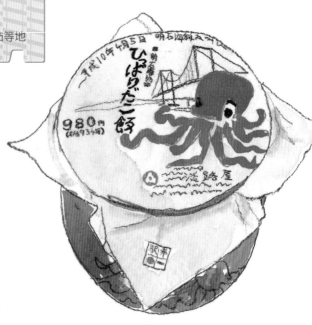

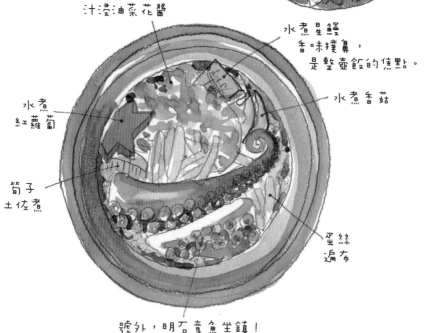

汁浸油菜花醬

水煮生鰻
香味撲鼻，
是整壺飯的焦點。

水煮
紅蘿蔔

水煮香菇

筍子
土佐煮

蛋絲
遍布

號外，明石章魚坐鎮！
從腿根到腳尖都Q彈柔嫩

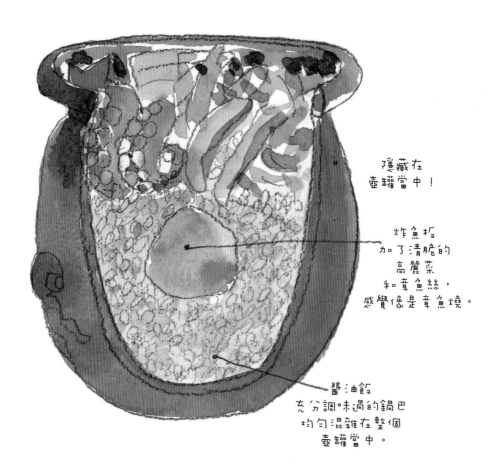

隱藏在
壺罐當中！

炸魚板
加了清脆的
高麗菜
和章魚絲，
感覺像是章魚燒。

醬油飯
充分調味過的鍋巴
均勻混雜在整個
壺罐當中。

　　還以為蛸壺小得讓人意外，分量和滋味卻很紮實，嚼勁也夠。這就是全日本聞名遐邇的明石章魚。首先引人注目的就是大張旗鼓放在上面的章魚腳，整整一條從腿根到腳尖都 Q 彈柔嫩。沁入日式高湯的米飯，裡頭有鍋巴均勻混雜在其中，嚼起來也不錯。就在稍微習慣味道的時候，炸魚板會露出頭來嚇人一跳。細切的章魚和清脆的高麗菜會讓人聯想到章魚燒。

平泉海膽飯
岩手縣，一之關站等地

光輝燦爛
就如同中尊寺金色堂
是我的憧憬和回憶

紫蘇裙帶菜　　蛋絲

鮭魚卵粒

山牛蒡

海膽

平泉海膽飯
1000 日圓　齋藤松月堂
原本八角形的盒子從平成二十四年（二○一二）起改成四方形，不過裡頭還是原來懷念的味道。即使在老家吃飯吃到撐，也會偷偷買了再回到東京。平泉已登錄為世界文化遺產，一之關站就是最靠近平泉新幹線的車站。

　　這是鐵路便當十選當中的特別獎。實不相瞞，這是我故鄉的鐵路便當。一關雖然在內陸，不過牡蠣、海鞘、海膽、裙帶菜和其他三陸的海產，都是日常生活常見的食材。我自從到東京升學後就會搭乘新幹線，當時這個鐵路便當就在月臺上散發黃金般的光芒。以現在看來樸素而簡單的滋味，讓人回想起海水浴、美麗的風景和家人。任誰都有類似這樣充滿回憶的鐵路便當。每次咬下去，就會不斷祈禱災區早日復興。

山陰鳥取蟹肉飯
1100 日圓　阿部鳥取堂

為了便於食用，蟹螯上也會貼心地劃出切口。同樣由阿部鳥取堂推出的「元祖蟹肉壽司」（980日圓）從昭和二十七年（二〇一五）開始發售，具有半世紀以上的歷史，據說是全日本第一個蟹肉壽司。這個也很好吃。

蟹肉純度百分百
不管從哪裡到哪裡
全都是蟹肉

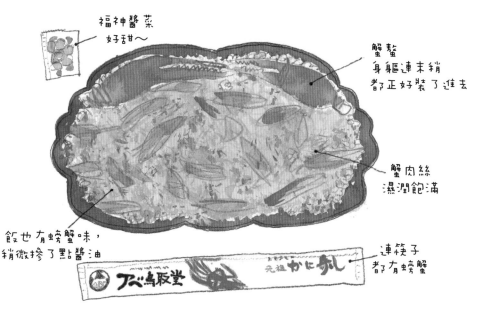

福神醬菜
好甜～

蟹螯
身軀連末梢
都正好裝了進去

蟹肉絲
濕潤飽滿

飯也有螃蟹味，
稍微摻了點醬油

連筷子
都有螃蟹

全日本的蟹肉飯和蟹肉壽司很多，但沒有比這蟹肉純度更高的鐵路便當了。無論是包裝還是配料，蟹肉都是百分百。滿滿的蟹肉絲放到連飯都看不見，甚至還附上蟹螯，就連造型也是螃蟹本尊。堅持選用當地捕獲的螃蟹，不負眾望擁有日本海產的美味。飽滿的肉質就不用說了，就連摻煮的米飯都鮮味濃郁。或許是因為螃蟹太多，附加的福神醬菜甜到讓人覺得很抱歉。

雞肉飯

福岡縣，折尾站等地

穩定的美味
總是讓人吃了
還想再吃

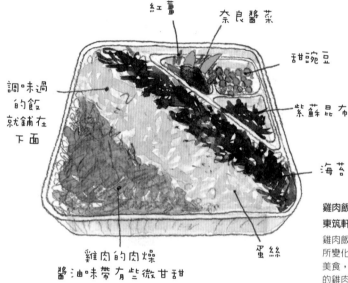

紅薑

奈良醬菜

甜豌豆

調味過
的飯
就鋪在
下面

紫蘇昆布

海苔絲

雞肉的肉燥
醬油味帶有些微甘甜

蛋絲

雞肉飯　750 日圓
東筑軒

雞肉飯在尺寸和配菜上都有所變化。說到跟雞肉有關的美食，小倉站七、八號月臺的雞肉烏龍麵（350 日圓）也非吃不可。月臺會飄散日式高湯怡人的香氣。混在大叔堆裡站著吃也很開心。

　　我在北九州旅行時遇到好幾次這種雞肉飯。據說關西和九州等地稱雞肉為「Kashiwa」。雖然是不起眼的食材，斜放成三種顏色的設計卻很大膽。尤其是折尾名產，更是號稱從大正時代傳下來的穩定美味。以滋味清爽的雞肉高湯炊煮米飯，上面有比較甜的雞肉肉燥、海苔絲和蛋絲。食用時可以拿筷子稍微攪碎，依照自身喜好混合。遺憾的是，稀奇罕見的兜售叫賣已於平成二十四年（二〇一二）退出市場。

東京便當

東京都，東京站

匯集老店的滋味
截長補短的一盒便當
感覺像在東京觀光

東京便當　1600 日圓
日本餐廳事業
除此之外還有銀幕便當及其他魅力十足的產品陣容。

魚久的酒粕醃
帝王鮭
大正三年創業
人形町

蘑菇
拌菊花

青木的日式煎蛋
昭和二十四年創業
築地的壽司用
日式煎蛋專賣店

今半的竹筍滷牛肉
明治二十八年創業　淺草
壽喜燒風味的牛肉佃煮

日本橋大增的
甜滷蔬菜
明治三十三年
創業
扇形南瓜
小芋頭
蒟蒻
牛蒡
嫩豌豆
（食材滋味各
不同的拼盤）

青脆梅子
紫蘇醬菜

秋田小町米
已知生產者的有機認證米
合鴨農法

醃黃瓜
茄子

紅豆泥年糕

金平牛蒡絲

蓮藕夾心炸肉餅

這一盒鐵路便當連名字都直接叫做「東京便當」。假如要趁著出差順便吃點什麼時，這項奢侈的產品就讓人猶豫了。想去一次的東京知名老店滋味齊聚一堂。「淺草今半的竹筍滷牛肉」、「魚久的酒粕醃帝王鮭」、「青木的日

式煎蛋」……就連東京人也希望有一天能去，卻遲遲無法成行。偏鄉的人倒是可以藉此體驗在東京觀光的感覺。拆開包裝，馬上就會冒出明信片，描繪東京車站的紅磚建築。衡量要送給誰也是件樂事。

百年鐵路便當店

許多生產及販賣鐵路便當的製造商是在明治期間創業，延續一百年以上的老店。自從明治維新以後，日本國內第一條鐵路從新橋站～橫濱站之間開通以來，這些老店的歷史無非就是和鐵路一起相伴走來。

當時的製造商當中經常會看見「〇〇軒」這個名字，像是東海軒及桃中軒等。其中具代表性的就是明治四十一年（一九〇八）創業的崎陽軒。名稱的由來是製造商借用鐵路車站建築內的軒簷，販賣便當和飲料等物。除了鐵路便當之外，還在車站前兼做旅館業，歷經明治、大正、昭和、平成至今，跟車站的關係很深厚。比方說：

吉田屋（青森站八戶站）：這家製造商的興起是在明治二十五年（一八九二），東北本線開通翌年，以兜售方式在八戶站（當時為尻內站）販賣便當，裡頭只有飯糰和醬菜。現在新商品則很豐富。

阿部忠（岩手縣一之關站）：這家製造商在明治二十二年（一八八九），一之關站開幕的同時開始兜售報紙。涉足鐵路便當則要從昭和二十一年（一九四六）算起。商號命名源自於創辦人阿部忠吉的名字，就鐵路便當店來說取為人物名是很罕見的。

鹽莊（福井線敦賀站）：從明治三十六年（一九〇三）開始在敦賀站兜售便當以來，營業一百年當中竟然連一天都沒有休息，真的就跟車站一樣全年無休。

井筒屋：安政元年（一八五四），井筒屋旅館在近江國長濱碼頭前開業。明治二十二年，東海道線開通之後，就把目光從船隻轉移到鐵路，開始經營鐵路便當店。

希望今後，車站和城鎮能夠繼續滋養我們的旅程。

鐵路便當女子的各種便當圖鑑

不管是挑選喜歡的食材，
別出心裁的程度，
或是依照心情，
這裡嘗試將我吃過的各種鐵路便當分門別類。

螃蟹

復古的包裝繁多就證明了
螃蟹是長銷食材。
「米飯」讓螃蟹的風味變得更強，
「壽司」則可以吃得很清淡。

蟹肉飯
岩手縣，一之關站

1000日圓　阿部忠

從我懂事時就有的當地便當，隨時都有溫和平穩
的滋味。平泉成為世界遺產之後，海膽鮑魚豪華
同名款便當「平泉」（1300日圓）和「平泉義經
便當」（1000日圓）也很受歡迎。因為創辦人是
阿部忠吉先生，所以商號叫做阿部忠。

蟹肉飯
福井縣，福井站等地

1100日圓　番匠總店

昭和三十六年（一九六一）發售當時是陶製容
器，從昭和後期開始就改為塑膠製品了。我剛
開始吃的時候，就為當地紅松葉蟹的美味所感
動。平成二十四年（二〇一二）為紀念創業
一百一十年，就改成加拿大產的了。以鐵路便
當來說，不用當地產的食材會有點可惜吧？

山陰名產蟹肉壽司
鳥取縣，鐵路便當大賽等地

950 日圓　吾左衛門壽司本舖
米子站販賣的不是蟹肉壽司，而是其姊妹品「蟹肉散壽司」（1020 日圓）。像這樣沒在車站販賣的便當，也會在鐵路便當大賽、現場販賣和其他市集活動中亮相。雖然正確來說就不是鐵路便當了。

山陰鳥取蟹肉飯
鳥取縣，鳥取站

1100 日圓　阿部鳥取堂
這個鐵路便當的包裝和內容物全都是螃蟹，螃蟹，螃蟹！外觀和口味都出類拔萃！盒子的背面是鳥取名勝的地圖。堅持選用當地產的螃蟹和食材，讓人感受到對鳥取的愛和日本海風情。（→ p19）

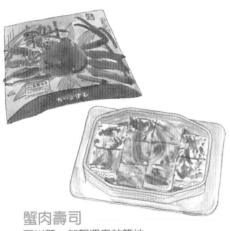

蟹肉壽司
石川縣，加賀溫泉站等地

1000 日圓　高野商店
季節限定（十月～四月底）
滿滿的蟹肉和恰到好處的醋飯是相當高雅的美味。仔細一看，帶有衝擊性的盒子上，有一條標語是「互相禮讓，享受旅程，開朗車廂」。背面還有畫成插圖的加賀溫泉觀光導覽圖，感覺很溫馨。

蟹肉壽司
新潟縣，越後湯澤站

900 日圓　川岳軒
新潟的鐵路便當整體來說就是這樣，不過飯太好吃了，也會讓人覺得配料像是配角。螃蟹、香菇、蛋絲和壽司醋的味道也顯得低調，凸顯米飯的鮮味。

魚肉

每個地方捕得到的魚不同，
就連吃法也會有所差異。
燒烤、醃漬、肉鬆、油炸，變化多端。

甜蝦天婦羅蓋飯
新瀉縣，直江津站

1000 日圓　海瑪特飯店　需預訂

以天婦羅為主菜的鐵路便當很少，這就是真正
的天婦羅蓋飯。五條甜蝦天婦羅，蔬菜天婦羅
和明太子天婦羅很好吃。雖然我喜歡趁熱加鹽
吃天婦羅，但是冷掉的天婦羅蓋飯跟醬汁相當
合拍。另外新瀉的米飯也很美味。

特製鯛魚飯
靜岡縣，靜岡站

760 日圓　東海軒

明治三十年（一八九七）發售的「元祖鯛魚飯」
（570 日圓），醬油飯上有滿滿的鯛魚鬆。當初
是設計成適合兒童的汽車便當，所以非常甜。
加上金目鯛魚排和蔬菜滷味後就是這盒「特製」
鯛魚飯。

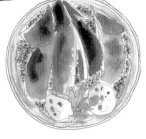

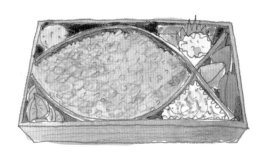

鯛魚飯便當
神奈川縣，橫濱站 / 限神奈川地區

680 日圓　崎陽軒

魚形是在加了金目鯛的茶煮飯上放真鯛肉鬆。崎陽軒除了燒賣以外的產品也很豐富。包括延續半世紀以上的「橫濱炒飯」（540 日圓）、「櫻花蝦燒賣」春天限定款（二～五月）、內含燒賣的「燒賣小饅頭」、月餅和其他中國點心。

墨魚汁黑飯便當
鳥取縣，鳥取站

1100 日圓　阿部鳥取堂

真正的竹蒸籠感覺不錯。用墨魚汁炊煮的花枝鬚黑飯上，放了柔軟的墨魚和花枝丸，材料盡是墨魚。整體溫潤的滋味和狂野的黑色截然不同，搭配酥炸的辣韭是創舉。

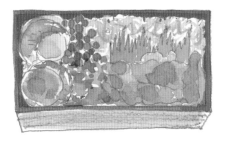

三陸海之子
岩手縣，一之關站

1000 日圓　齋藤松月堂

「平泉海膽飯」（1000 日圓，→ p18）和「我喜歡的平泉金色海膽飯」（1450 日圓）齊名，是海膽愛好者欲罷不能的鐵路便當系列商品。另外使用前澤牛的系列商品也很暢銷。海膽或前澤牛要選哪個呢？好猶豫喔。

燒漬鮭魚鬆
新潟縣，新津站 / 新潟站

1050 日圓　三新軒

首先飯就很好吃，不愧是產米量第一的新潟。上面放滿傳統料理「燒漬鮭魚」，是用醬料將烤鮭魚醃漬一晚，沒有魚片的口感。配料則是在大豆上塗滿甘味噌的罕見鐵火豆。

壽司

握壽司、捲壽司、押壽司，
容易分食的壽司
是旅程中最好的朋友。

祭品壽司
石川縣，金澤縣

600 日圓　大友樓

這是很纖細的壽司，一公釐左右的薄片小鯛魚和紅鮭各占一半。極為簡單的做法下，擁有逐漸湧現的美味。據說名稱的由來是珍奇祭典的祭品料理。因為很耐放，所以不妨等隔天稍微變硬後再吃，風味會更好。

香魚壽司
熊本縣，人吉站

900 日圓　人吉鐵路便當山口

香魚是我最喜歡的魚，竟然這樣直接橫放在上頭！製造商從明治四十四年（一九一一）創業以來，就把姿壽司的魚肉做得很有嚼勁，擁有獨特的鮮味，不像其他任何的食品。包裝紙上有一條標語是「心情真愉快，膝蓋讓出個空位，再擠一個人」。

傳承竹筴魚押壽司
神奈川縣，大船站

8 貫 1200 日圓　大船軒

以傳統的混合醋醃漬，從大正二年（一九一三）開始販售以來滋味仍然不變。保留竹筴魚的薄皮是烹調法的特徵，模樣相當美觀。另外，大船軒在明治三十二年（一八九九）販賣日本第一個三明治鐵路便當，無論在日式和西式料理上都有悠久的歷史。

炙燒金目鯛與小竹筴魚押壽司
神奈川縣，小田原站等地

1300 日圓　東華軒

這是明治三十六年（一九〇三）以來的小田原站名產，小竹筴魚押壽司和炙燒金目鯛壽司。前者清淡，後者則有炙燒油脂的鮮味。裡頭還放了紫蘇捲壽司和廣島菜壽司讓人換口味，是既著侈又貪多的一盒。假如是女孩子就會個個都想吃。

玉寶
石川縣，七尾站

1盒5個550日圓／1盒7個900日圓
松乃壽司

小賣店沒有玉寶的存貨。詢問之下才知道，便當要花大約二十分鐘從松乃鮨送過來。哇——真不好意思，謝謝你。以後我會先預訂的。從明治元年（一八六八）創業以來，就一直使用干瓢和肉鬆雞蛋捲壽司。餡料當中隱約可以看見能登日文開頭發音的「の」字。

萬萬沒想到什麼都有壽司
新潟縣，新潟站等地

1050 日圓　新發田三新軒

鱒魚的開頭「Ma」、鮭魚排的開頭「Sa」、蟹肉絲的開頭「Ka」、「鮭魚卵粒」的「Ikura」，直接以這四種魚貝類的日文發音替壽司取名，就成了萬萬沒想到什麼（Masakaikura）都有壽司。這些配料稍微排列整齊就會很好看。

港口竹筴魚壽司
靜岡縣，沼津站／三島站

880 日圓　桃中軒

這是集中心力做出的三種竹筴魚壽司。包含用山葵將內含山葵莖的醋飯包起來的壽司，用帶狀紫蘇葉裹住醋漬竹筴魚的壽司，以及竹筴魚粗捲壽司。特別值得一提的是裡頭附贈伊豆天城的新鮮山葵和磨泥器，研磨調味料讓人有點參與感是件開心事。

散壽司

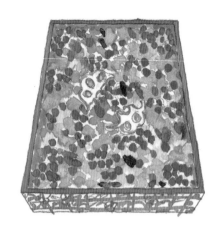

哇，好漂亮！打開蓋子一看，
這簡直就是仙境。顏色五花八門的
配料也鮮豔奪目。

小樽海之輝
北海道，小樽站

1260 日圓　小樽站站內兜售商會
這個非常好吃喲！海膽、鮭魚卵粒和飛魚子鋪
滿整盒便當，簡直就像會發光似的，各種大海
的口感在嘴裡迸發。與其在水準尚佳的海鮮店
吃東西，這個鐵路便當可能更美味。

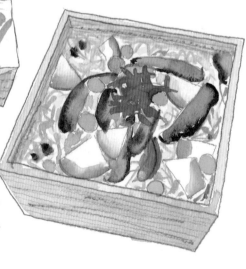

散壽司
京都府，京都站等地

840 日圓　Tori 松
這種獨特的重疊壽司僅僅流傳在部分丹後地
區。做法是將鯖魚醬、干瓢、蛋、紅薑、魚板
和青豆疊放在木盒裡，再以木鏟分切成方塊。
雖然樸素卻顯赫，是祭典和節日時的鄉土家庭
料理。種類有一人份盒裝～三人份盒裝（2415
日圓）。

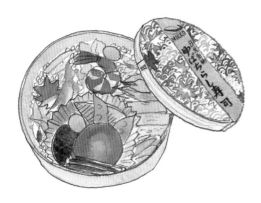

豆皮散壽司
栃木縣，東武日光站

850 日圓　油源

說到日光，就是以豆皮為名產。以許多滋味清淡卻有存在感的豆皮為主軸，將滿滿的配菜放在醋飯上。竹籠容器和配菜都色彩繽紛，也很賞心悅目，健康清淡又好吃。（→ p73）

松山壽司
愛媛縣，松山站

980 日圓　鈴木便當店

散壽司放在壽司桶造型的容器當中，使用瀨戶章魚、鯖魚、蝦子和星鰻製成。裡頭匯集了松山相關名人正岡子規、夏目漱石、高濱虛子熱愛的東西。這麼一說才想到，環海的四國似乎很少看到牛肉或豬肉便當。

佐賀名產特製散壽司
佐賀縣，佐賀站

1260 日圓　新玉　需預訂

跟知名的「有田燒咖哩」（1500 日圓）和「有田燒燉飯」（1350 日圓）齊名，陶瓷產地有田獨有的鐵路便當。雖然價格包含容器，但其實可以極為自然地融入家中餐具的陣營當中。容器能夠重複利用的便當，應該盡可能在回程路上購買。

包葉壽司

具有殺菌效果的壽司，
為了保存而用葉片裹起來。
綠葉香氣怡人，眼睛看了也舒服。

鱒魚壽司（三角壽司）
富山縣，富山站／高岡站

140 日圓　鱒壽司本舖源

從明治四十五年（一九一二）發售以來，已有超過一百年的歷史。富山總公司内的「鱒魚壽司博物館」有一座傳承館，以工廠觀摩和現場示範的方式傳授技藝。富山除了這家製造商以外，還有很多廠牌的鱒魚壽司。

鰤魚壽司（三角壽司）
富山縣，富山站／高岡站

180 日圓　鱒壽司本舖源

雖然圓形款的鰤魚壽司很出名，但我要推薦的是切成八分之一塊的小巧輕便款，適合在肚子有點餓或還想再吃一道菜時享用。昭和三十二年（一九五七）發售的鰤魚版本也有旗鼓相當的熱門度。蕪菁的口感是重點所在。

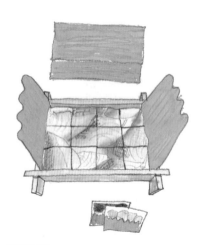

鯛之舞
福井縣，敦賀站

1350 日圓　鹽莊　需預訂

沒有比這香氣更怡人的鐵路便當了。這感覺像是把福井名產竹葉醃小鯛魚做成壽司。鹽味清淡的小鯛魚環繞在樹木的香氣中，美味更提升。詢問之下才發現，其實鹽莊開始做鐵路便當後，一百年來從沒有休過一天假。

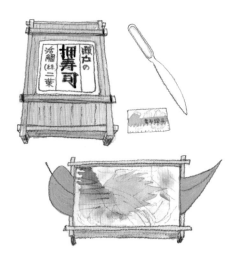

竹葉飯糰
栃木縣，東武日光站

1 盒 5 個 750 日圓　日光鱒魚壽司本舖

這三種竹葉捲壽司是由暢銷的鱒魚壽司、姬壽司和散壽司改製而成。鄉土料理「姬壽司」是需要預訂的鐵路便當，不過「竹葉飯糰」則是裝了兩個飯糰造型的姬壽司。(→ P73)

瀨戶押壽司
愛媛縣，今治站

1260 日圓　二葉

「來島之味」的來島，日文似乎是唸做「Kurushima」。據說瀨戶內海今治一帶的來島海峽是日本三大急潮。當地孕育的鯛魚和甘甜的米飯密不可分。這道壽司甜味強烈，分成小塊讓人吃得有點開心。可以用附贈的刀子切開分食。

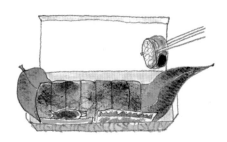

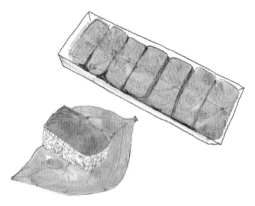

千葉壽司街道「竹筴魚」
千葉縣，千葉站

680 日圓　萬葉軒　需預訂

將一塊壽司大口放進嘴裡，頓時嚇了一跳。雖然感覺好像很滑溜，不過跟竹筴魚一起裹起來的是昆布薄片。竹筴魚和醋飯的滋味合為一體，口感也很新穎，相當令人滿意。

柿葉壽司
奈良縣

奈良名產柿葉壽司會逐一包好，是旅程的良伴，由 Izasa 壽司、田中、大和、味見屋與其他各家廠商販賣。鐵路便當則有吉野口站的柳屋「柿葉壽司」(1 盒 8 個 880 日圓)。

雞肉

哪怕是樣樣都擔心的女孩，
健康的雞也是強力的幫手。
長期備受喜愛的基本款美味。

雞肉飯便當
群馬縣，高崎站等地

800 日圓　高崎便當

這是昭和九年（一九三四），由原籍九州熟悉雞肉飯的上一輩設計而成。將盛行養雞的群馬雞肉，做成肉燥、照燒和冷盤雞肉三種口味。尤其是雞肉肉燥，將水分蒸發到乾燥為止，美味更濃縮。雞肉滋味較甜，要配飯吃。

雞肉飯
秋田縣，大館站 / 東能代站

850 日圓　花善

從二戰後穩坐雞肉飯代表地位，無論是滋味、外觀和價格，樣樣都相當出眾，是任誰都一定會喜歡的美味。微甜的米飯配上滷雞腿肉相當合拍。花樣色彩繽紛的魚板很漂亮。東能代站一天也會販賣三～五個左右。

雞肉飯
福岡縣，門司港站

298 日圓　北九州鐵路便當
與其說是鐵路便當，不如說是普通的便當？不可否認鐵路便當的價格較為昂貴，這項產品卻是破盤價 298 日圓。雖然容器小巧，分量卻足以填飽肚子，只有雞肉飯廣為人知的九州才做得出來。現在隨著門司港站的改建而停售。

高原蔬菜雞排便當
山梨縣，小淵澤站 / 茅野站

850 日圓　丸政
就如清爽的包裝一樣，雖然是雞排便當卻能落實健康。裡頭有許多清淡的雞和八之岳山麓的新鮮生菜。這項產品於昭和四十五年（一九七〇）發售，是日本第一個加入生菜的鐵路便當，無論在健行、登山或給女孩吃時都會很開心。

純名古屋土雞雞肉飯
愛知縣，名古屋站

924 日圓　名古屋達摩
用名古屋土雞炊煮的飯跟照燒肉鮮味濃郁非凡，正好配清淡的東西來吃。上面附有名古屋土雞普及協會認證的貼紙。飯中加了糯米，就算沒有馬上吃也很 Q 軟。便當容器是竹籠，也可當伴手禮。

雞肉飯
福岡縣，折尾站等地

750 日圓　東筑軒
這是目前吃過的雞肉飯當中最棒的一款！三色配料也很賞心悅目，既美味又不膩，讓人還想再吃。這正是大正時代延續下來的古早味。（→ p20）

豬肉

打動人心的豬肉便當，
要在走很多路時，
或是在前往餐廳稀少的祕境之前，
好好地吃上一頓。

野澤菜豬排三明治
山梨縣，茅野站

600 日圓　丸政
這盒鐵路便當用的不是高麗菜，而是信州名產野澤菜。花這般心思是為了過段時間也可以吃，隨時都能嚐到清脆的口感。野澤菜醬菜不只能配飯，也可以配麵包。

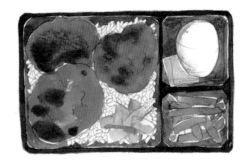

達摩味噌炸豬柳蓋飯
愛知縣，名古屋站

924 日圓　名古屋達摩
厚厚的味噌豬排橫擺起來很壯觀。據說味噌醬汁源自於「達摩糠醃工法」，滋味沒有外表看起來那麼濃郁，打個半熟蛋口感就會溫和。分量多到兒童和女孩大費周章才吃得完，真希望能在蛋衣凝固之前盡早食用。

大和豬肉便當
栃木縣，神戶站

1000 日圓　清流餐廳　需預訂

帶有衝擊感的盒子裡有許多柔嫩的豬肉。不但附贈渡良瀨溪谷鐵道的獨家手巾，包裝紙的背面還可以當作沿線觀光導覽圖，十足划算。

忠勝便當
千葉縣，大原站

1000 日圓　傘屋商店　需預訂

這是效仿戰國武將本多忠勝的大分量便當。里肌豬排豪邁坐鎮，相形之下飯就有點少了吧？附贈的茶裝在塑膠製容器裡，用小賣店的水壺注入熱水就可以喝。（→ p65）

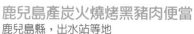

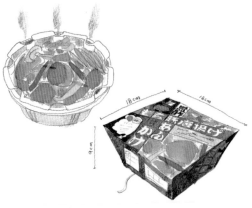

鹿兒島產炭火燒烤黑豬肉便當
鹿兒島縣，出水站等地

950 日圓　松榮軒　需預訂

滿滿的豬肉超有感。100％的鹿兒島產黑豬肉附有出貨證明書，充滿炭烤的香氣和鮮肉的美味。也可以用清淡的鹽巴調味。白飯、海苔絲、金平牛蒡絲和豬肉就疊在一起。

黑醋豬肉燴飯
新潟縣，新潟站、新津站

1050 日圓　神尾商事

盒子出奇大，原來是加熱式容器（冬季限定）。菜色有油炸越後麻糬豬、肉丸和甜椒，淋上黑色糖醋。脂肪少的肉就算油炸也很清淡。開封前要拉開細繩自動加熱約十分鐘。這絕對是熱的才好吃。

牛肉

牛肉鐵路便當總會抽到好康，很少有意外。
尤其是做成品牌牛產地的一道菜色時，
分量和滋味更讓人大為滿足。

福島牛牛肉飯
福島縣，郡山站

1000日圓　福豆屋

牛肉和牛蒡的整體調味有點甜。電車搖晃時，蒟蒻抖動真是可愛到極點，讓人笑不停。新幹線的手推車上也有販賣。

網烤牛舌便當
宮城縣，仙臺車站等地

1000日圓　小林

裡頭的牛舌比市區的店家還要薄一點，約為二公釐左右。不過肉質柔嫩，鹹味會發揮出來，跟麥飯很搭。加熱式容器拉開細繩之後就會增溫，溫暖到會熱的程度，在寒冷的東北沁入身心。

牛肉正中央
山形縣，米澤站 / 山形新幹線車內

1100日圓　新杵屋

平成五年（一九九三），這項產品在山形新幹線開通之際發售，現在是全日本知名的暢銷便當。山形縣產的「正中央米」上面，放了滿滿的甜滷牛肉肉燥和滷牛肉。下次我要試試沒有品嚐過的鹽味便當。

米澤牛炭火燒烤頂級牛小排便當
山形縣，米澤站等地

1500 日圓　松川便當店
這個鐵路便當相當昂貴，但其美味也讓人理解為什麼會紅透半邊天。單憑香噴噴的炭火燒烤牛小排也能打動人心，再加上燒膏更是肉感滿分。肚子餓的時候真想大吃特吃。

島根牛味噌雞蛋蓋飯
島根縣，松江站

950 日圓　一文字家
這是少見的味噌風味牛肉蓋飯，使用奧出雲生產的味噌，堅持自然釀造。這份美味自不在話下，就連上面覆蓋的黏稠半熟蛋，完成度也著實高超。要將整顆雞蛋搗碎混合蛋黃食用。

甜薑滷飛驒牛壽司
岐阜縣，高山站

1200 日圓　金龜館
甜味也恰到好處的甜薑滷碎肉，以及表皮火烤過的牛肉薄片，配上醋飯就能吃得清淡。尤其是表皮火烤牛肉更能充分感受飛驒牛的鮮味，跟山葵也非常合拍。配菜也很適當，是很均衡的便當。

近江牛大入飯（時尚風味）
滋賀縣　米原站 / 長濱站

1000 日圓　井筒屋
牛肉蓋飯類型的鐵路便當五花八門，但若將飯做成咖哩風味就會如此時尚。原來可以這樣搭配啊！近江牛肉混合各種部位，直到最後都讓人意猶未盡。

B 級美食

藉由 B-1 錦標賽和其他市集活動
廣為人知的 B 級美食，
也在鐵路便當界登場。
這是有效打動人心的庶民滋味。

元祖章魚飯糰
大阪府，新大阪站 / 大阪站

1 盒 5 個 680 日圓　味見屋

飯糰上面放了章魚燒，將大阪風格的麵粉類食物和米飯搭配在一起。原以為是 B 級料理，想不到這實在很好吃！米飯也有顆粒，直接放章魚進去的章魚燒則有黏稠感，每道食材都有手工的細膩滋味和新口感。

大阪滿載
大阪府，新大阪站 / 京都站東海道
新幹線列車內

1000 日圓　JR 東海旅客

這就是大阪！便當裡塞滿符合當地印象的菜色。炸肉串不是豬肉而是牛肉，還有黏稠的章魚燒，以及紅薑堆積如山的燒肉醬烏龍麵。炊煮成醬油味的米飯是關西什錦飯。碳水化合物米飯 × 碳水化合物配菜，不愧是大阪。

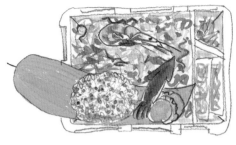

富士宮炒麵便當
靜岡縣，新富士站、富士宮站

980 日圓　富陽軒
外包裝是加熱式容器，拉開細繩就慢慢增溫。以雀躍的心情打開後，就會看見菜色盛放得很豪邁，這也可以說是狂野還是粗魯吧？總之是會加分的 B 級感。蝦子、墨魚和扇貝上面有滿滿的高麗菜。使用榨過豬背油的殘渣為其特徵。

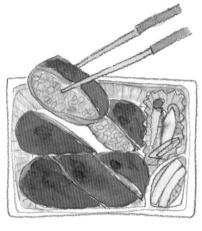

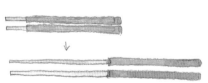

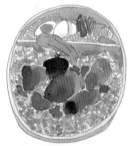

醬汁豬排棒
福井縣，福井站

840 日圓　番匠總店
聽說醬汁豬排蓋飯是福井名產，不過竟然做成棒狀，真是畫時代的創舉。醬汁口味的米飯用青紫蘇葉和豬肉裹起來油炸。甜甜的醬汁沁入，與其說是米飯，更適合當做下午茶點心。

甲州雞內臟便當
山梨縣，甲府站

880 日圓　丸政
各位來參觀 B 級美食錦標賽時，不妨試一試鐵路便當。其中的滋味實在充滿了 B 級美食的風格，能夠有效打動人心。這種便當也最適合當小吃，難得都已經是酒的產地了，不過還是跟啤酒比較對味。（→ P81）

雙色便當

就算覺得兩個都想吃，
小腹空空時也要各分一半均攤。
雙色便當在這方面也是面面俱到。

近江牛醬油飯
滋賀縣　米原站等地

1300 日圓　井筒屋
這是食用和比較近江牛滋味的雙色便當。一個
是紅肉牛排蓋飯，要配清淡的果酸醋和青紫蘇
葉享用。另一個則是出色的牛肉蓋飯，醬油飯
上面蓋了厚厚的肉。只要一咬下去，就會有紮
實的肉味，是穩定的美味。

夫妻鍋飯
新潟縣，糸魚川站

1300 日圓　高瀨
單憑一個鍋子就讓人歡欣鼓舞，其中居然還有
兩個。紅色系的容器是專為女性設計的淡味魚
貝蓋飯，綠色系的容器則是專為男性設計，放
上松茸和山菜的肉燥蓋飯。雖然價錢好像也有
點貴，但能拿到兩雙筷子，樂趣倍增。

緋魚緋魚卵鮭魚鮭魚卵
新潟縣，長岡站

1050 日圓　池田屋

內容物一目了然的命名。緋魚親子＋鮭魚親子＝四種。會放黃金魚卵的便當很罕見。八月長岡放煙火時也會推出期間限定的「煙火壽司」。

正中央百選
牛肉正中央＆海鮮正中央
東京都，東京站限定「鐵路便當店　祭」

1300 日圓　新杵屋

將知名的山形米澤「牛肉正中央」（→ p38）跟「海鮮正中央」（沒有單獨販賣）結合之後，就會變成「正中央百選」。這也不在當地販賣，而是東京站限定版。女孩可以選擇支持要肉還是魚。

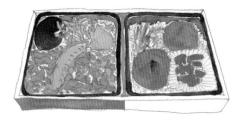

甲州酒養殖
「牛豬雙拼便當」
山梨縣，甲府站 / 小淵澤站

1100 日圓　丸政

不愧是日本數一數二的美酒產地。做牛肉蓋飯的甲州酒牛肉是以榨了酒的葡萄粕為飼料培育而成。醬汁炸肉餅蓋飯的酒豬則是讓豬隻飲用白酒，養出多汁的肉質。這些便當跟酒一定很對味。（→ p81）

信樂燒　山菜松茸與祭壽司
滋賀縣，草津站

1500 日圓　南洋軒　需預訂

既然需要預訂，就代表看重的是容器吧。盛裝兩種飯的樸素容器稱為抹茶茶碗。雖然菜色內容似乎有點美中不足，但是容器放在家裡相當好用，能以非常自然的方式融入生活。

當地便當

自古以來流傳的鄉土料理、
當地相關人物、當季名產和其他特色，
鄉土色彩濃厚的便當樣樣都是個性派。

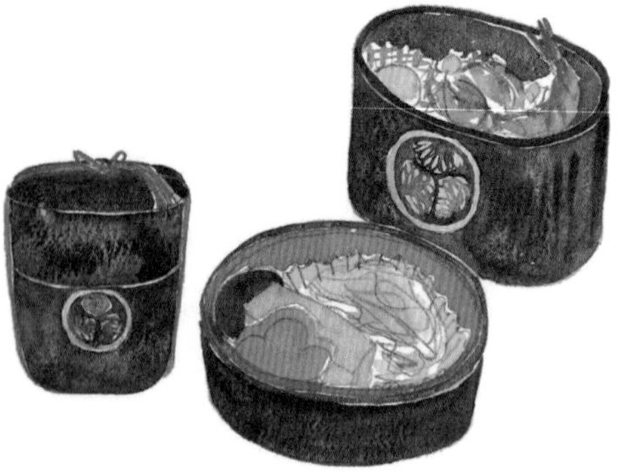

印籠便當

茨城縣，大洗站

1000 日圓　萬年屋

造型來自水戶黃門大人的印籠，由水戶老店鈴木屋長年販賣，可惜廠商在平成二十二年（二〇一〇）歇業。同樣在茨城縣內的萬年屋不願讓這種便當斷絕，於是就承繼下來，是鄉土愛的結晶。梅祭期間也會在偕樂園販賣。

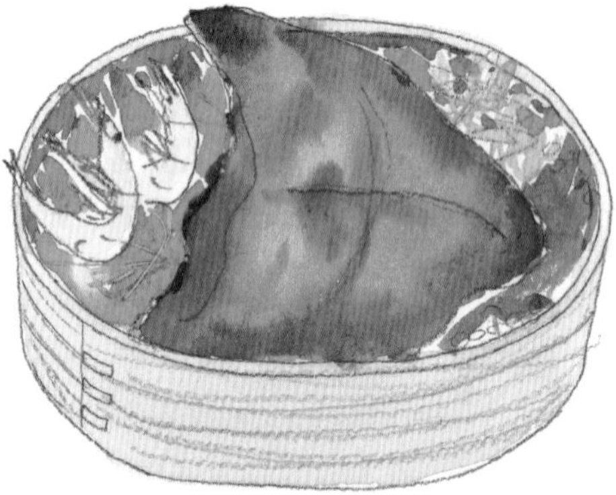

鰤魚下巴飯

富山縣，富山站／高岡站

980 日圓　鱒壽司本舖源

季節限定（十月中旬～三月中旬）

寒鰤是富山名產。照燒鰤魚下巴像是居酒屋會端出的菜色，會直接豪爽地放在竹籠蒸飯上。這樣就已經是魄力滿分了。覆蓋了脂肪的魚肉和裙帶菜的組合，讓人覺得富山的海宛若浮現在眼前。創意和滋味都是無可挑剔的極品。

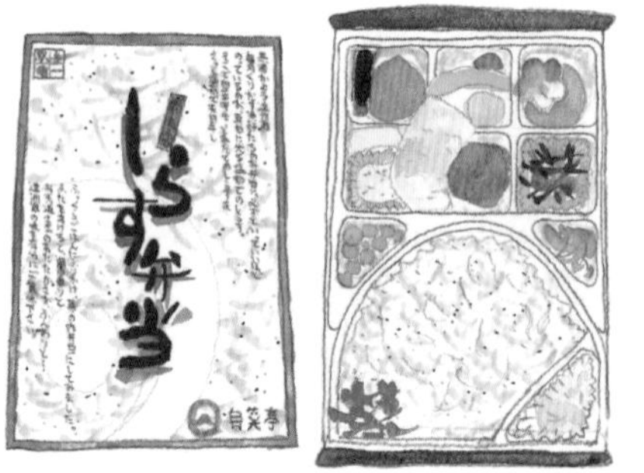

魩仔魚便當

靜岡縣，濱松站

1000 日圓　自笑亭

鋪在飯上的一整面魩仔魚，看起來似乎對身體很好。據說這可以攝取一天所需鈣質的一半。遠州灘和毗連的濱名湖是沙丁魚魚群的集中地，其幼魚就是魩仔魚。從春天到秋天是魚產的最盛期。

隱壽司
岡山縣，岡山站

1050 日圓　瀨戶內味俱樂部
僅限星期六、日，平日需預訂

咦，只有白飯？其實配料就鋪在下面，要分食的時候就把多層漆器便當盒翻過來，重現江戶時代的編排。當時商人排斥一菜一湯的儉約令，發揮智慧想到「壽司也是一菜」，反而做得很豪華。

明太子附贈便當
福岡縣，博多站

1050 日圓　北九州鐵路便當

便當本身感覺像是普通的幕之內便當，但首先該特別一提的是附贈的明太子就裝在別的容器裡。沒有放進便當之中，而是特別區隔，鄭重其事凸顯名產。

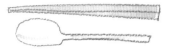

鰻魚飯三吃
靜岡縣，濱松站

1600 日圓　自笑亭

這個便當是將濱名湖名產鰻魚做成三吃，還附有鰻魚肝。這可以直接當鰻魚飯來吃，也可以撒上醬料或山椒，再不然就是淋上昆布茶和溫熱的綠茶做成茶泡飯。用微波爐加溫後會突然變得更美味，適合當作回程時的伴手禮。

獨特包裝

帶有衝擊性的模樣讓人
一見傾心，就好像戀愛一樣。
是否喜歡裡面的東西
吃了就知道。

河豚壽司
山口縣，新山口站／新下關站

840 日圓　小郡站便當

只要來到山口，就會想要河豚。當地會把河豚
的日文發音讀做「Fuku」而不是「Fugu」。這
個便當裡頭有河豚肉排和咬勁十足的外皮，河
豚感有點不夠，但是包裝上臉鼓鼓的河豚很討
人喜歡。

阿龜面具便當
兵庫縣，姬路站

870 日圓　MANEKI 食品

「只要經過姬路，就會招來福神阿龜！」我被
她臉上寫的這句話吸引，於是就買下來了。裡
頭配料很豐富，包括水煮蛋、銀杏、星鰻絲、
紅燒牛肉、紅燒章魚、栗子和蝦子等等。仔細
一看，搞不好會覺得像是蒙眼胡亂拼湊的阿龜
面具圖。

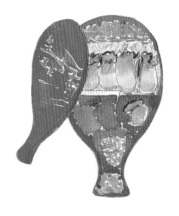

飯勺牡蠣飯
廣島縣，廣島站

1050 日圓　廣島站便當
季節限定（十月～三月左右）
這是廣島名產飯勺和牡蠣的合體技。裡頭放了許多變化多端的牡蠣，包括滷味四個、涼拌白味噌一個和油炸口味兩個。我也推薦小賣店等地會有的「海味牡蠣乾」（廣島菊屋）。

麵包超人便當
香川縣，高松站

1100 日圓　高松站便當　需預訂
總覺得蓋子被綁起來之後麵包超人顯得很難受。只要拿掉橡皮筋，就會發現上面是裝了純水的水壺！總之是精力充沛的形象人物鐵路便當。米飯上的臉孔也很好看。手提袋更是畫了形象人物（著色畫），專為孩童設計。

桃太郎祭壽司
岡山縣，岡山站

1000 日圓　三好野本店
桃太郎的故鄉在岡山縣。將氣勢非凡的桃太郎盒子打開後，就會看到裡面的桃色桃型容器是多麼可愛。甜甜的壽司飯上蓋著山珍海味，是光鮮亮麗的散壽司。因為是當地祭典不可或缺的東西，所以就以「祭壽司」來命名。

電車型容器

喜歡電車的人就不用說了，
還可以當伴手禮送給小孩子。
陶製的容器會讓人開心。

SL61 物語
新馬縣，高崎站

900 日圓　高崎便當

蒸汽火車正面造型容器當中乘載的配料，讓人
聯想到某些火車的零件。造型宛如車輪的黑糖
炸蓮藕，宛如車頭燈的栗子甘露煮，還有竹炭
飯及壽喜燒風味上州牛滷味，日式厚燒煎蛋上
則有 C6120 的烙印。

SL 磐越便當
新潟縣，SL「磐越物語號」列車內

1200 日圓　新潟三新軒　需預訂

這個便當起源於 JR 磐越線新潟站（當初是新
津站）～會津若松站之間運行的蒸汽火車「磐
越物語號」，黑色陶製容器帶有可愛感和厚重
感。這也會出現在各地的鐵路便當大賽上。

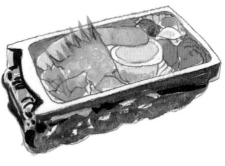

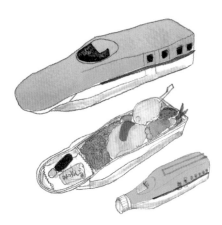

N700 系列新幹線便當
兵庫縣，僅限預訂販賣

1050 日圓　淡路屋

這是紀念東海道山陰新幹線 N700 系列新車登場而發售的便當，蒐羅的都是兒童喜歡的配菜，當作伴手禮送給親戚家的小孩，對方就會欣然收下。陶製容器在吃完之後要拿來做什麼呢？

E5 系列隼號便當
青森縣，八戶站
新幹線疾風號列車內

1150 日圓　吉田屋

隼號是長鼻尖頭的 E5 系列列車。最高時速三百公里的列車當中塞滿了美式熱狗、歐姆蛋、維也納香腸、炸蝦與漢堡。蜜蘋果似乎是青森產的。明治二十五年（一八九二）創業的吉田屋橫越東北。

923 型黃醫生號便當
兵庫縣，僅限預訂販賣

1050 日圓　淡路屋

新幹線電氣軌道綜合測試車黃醫生號平常難以目擊，換做是鐵路便當就能輕易得見了。裡面也都是番紅花飯、炸蝦、歐姆蛋、咖哩義大利麵、蘇格蘭蛋、地瓜和其他偏黃色的食材，很有統一感。

九州新幹線櫻花號便當
福岡縣，博多站等地

1150 日圓　北九州鐵路便當

這是紀念九州新幹線全線開通的便當。重現九州新幹線櫻花號的容器當中，放了這一帶的名產雞肉飯、炸蝦、漢堡與其他兒童午餐風格的配菜。櫻花造型的魚板很漂亮。小倉站也要事先預訂才會受理。

訂購和取貨的方法

　　假如想吃鐵路便當卻不能下車時，通常只要事先預訂，店家就會幫忙送到月臺，服務很貼心。

　　電話預訂時，要告知店家搭乘電車的日期和時間、列車名和車廂號碼，前去會合，再在停靠上下車的一～幾分鐘內取貨付款。馬上就能碰到面嗎？對方真的會來嗎？要在觀光地找陌生人，而且要在有限的短時間內取貨付款，也會讓人戰戰兢兢。不過對方早就駕輕就熟，用不着擔心。比方說，假如是九百五十日圓的鐵路便當，對方就會事先提醒：「麻煩您準備一千日圓的鈔票，

到時會將便當和五十日圓找零交給您。」以便順利取貨付款。

　　這一刻終於來了，只要在門口附近的車廂玄關東張西望，就算沒有特地報上姓名確認身分，彼此也會不約而同知道是誰。總覺得特地麻煩人家送來很抱歉，不過一個便當要處理起來很快，用不著客氣。但相對的當然不能放鴿子，要遵守約定，小心別睡過頭。

　　另外，有些店家還會送到沿線最近的主要車站小賣店，而不是月臺。請各位一定要活用這項服務，拓展與鐵路便當邂逅的機會。

鐵路便當女子嚮往的電車

女孩子也想搭搭看的特別列車。
搭上電車，那又是另一個旅程。

豐沛的自然景觀和足尾礦山的遺跡
渡良瀨溪谷鐵路小火車
「渡良瀨溪谷號」
群馬縣～栃木縣

渡良瀨溪谷號
小火車從四月開到十一月，主要在星期六、日
和節日運行，一天來回一次。除了普通乘車券
之外還需要小火車整理券，大人單程要五百日
圓。從群馬縣的桐生站到　木縣日光市的間藤
站共有十七站，行駛區間為四十四點一公里。
四輛客車當中，前面和最後面的是前 JR 附玻璃
窗的普通車廂，而中間的兩輛則是用前京王電
車改造的小火車車廂。

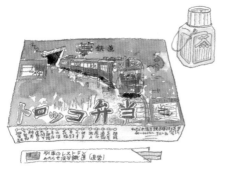

小火車便當
群馬縣～枥木縣
渡良瀨溪谷號列車內、神戶站

900 日圓
清流餐廳（神戶站）　需預訂

除了小火車，餐廳也可以領取便當。配菜也是個個都好吃。分量或許有點多，不過路上餐廳很少，還是事先吃飽比較好。塑膠製的茶飲（100 日圓）容器很可愛！

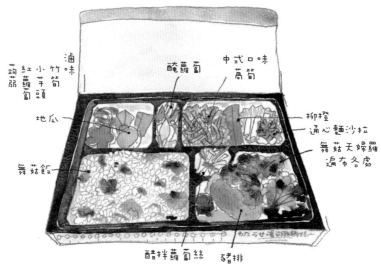

滷味
小竹筍
紅蘿蔔
蒟蒻
小芋頭
醃蘿蔔
中式口味蓧筍
地瓜
柳橙
通心麵沙拉
舞菇天婦羅遍布各處
舞菇飯
醋拌蘿蔔絲
豬排

　渡良瀨溪谷鐵路屬於地方線，以「渡鐵」的暱稱為人熟知。其歷史悠久，當時為了運送銅山礦石，於明治四十四年（一九一一）開通足尾鐵路。後來該線於昭和六十一年（一九八六）廢止，由渡良瀨溪谷鐵路接替則是平成元年的事情。

　只要在大間間站等待列車，小火車「渡良瀨溪谷號」就會開進月臺。柴油火車不像 SL 列車那麼粗獷，總覺得很可愛。領取預訂的便當，坐在沒有玻璃窗的小火車車廂，出發前進！

　列車啟程後涼風也很清爽，溪谷在眼前延伸。飄舞進來的花瓣和葉片，甚至連幾隻小蟲都是稀客，讓人心曠神怡。「小火車便當」配菜種類豐富，就如火車一樣動力全開。其中也有遍布各處的大塊天婦羅，以及當作 Q 彈糯米飯的配料，散發存在感的群馬名產舞菇。既能享受不同的口感，天婦羅的風味也會濃縮在一起，美味十足。

神戶站

站名的日文讀做「Goudo」而非「Koube」。站長會在
月臺上越過車窗，販賣當地採摘的山菜和其他產品，
方式就很像以前的兜售。當天我買了莢果蕨幼苗（200
克 300 日圓）和自家製山椒味噌（500 日圓）。

就在享用的過程當中，景色逐漸深入山區。這時可以看到樸素的車站、橋梁、隧道和其他設施，大多是開通當初所建，現在也仍在運作。截至平成二十年（二〇〇八）為止，已有三十八處認定為登錄有形文化財。

進入草木高長的隧道之後，天花板上的燈光就會照亮漆黑的車裡。「哇！」四處都喊出像是歡呼的聲音。雖然絕對稱不上豪華，卻是暖心的款待。

而當風景轉變成礦山風貌的城鎮後，就到了大多數乘客會下車的通銅站。那裡有一座叫做「足尾銅山觀光」的設施，能夠參觀真正的礦山。坑內由木製的樑柱支撐，光線昏暗，不時有水滴下來。從江戶時代到現代的勞動情景會用蠟像和 CG 重現。這裡號稱全盛期的銅礦產量占了日本國內的四成，約四百年之間挖掘了一二三四公里，相當於東京～博多全長的距離，真是讓人難以馬上相信。

去程搭上小火車興致勃勃，回程窺見銅山支撐日本近代化的光與影。渡鐵也好，足尾銅山也好，幾乎沒有觀光化的設施挑動好奇心，讓人追溯鮮明如昨的時代。

掛水幹部宅邸

當地某些地方會有類似員工宿舍的平房住宅群。毗連古河掛水俱樂部的幹部用宅邸於明治四十四年（一九一一）興建，內部開放參觀。周圍的商店和長屋是蒙上金屬生鏽的顏色嗎？還是該說那是昔日繁榮的影子？野生猿群比人影還要多。

舊足尾礦業所事務所附屬倉庫

明治四十三年（一九一〇）興建。毗鄰的古河掛水俱樂部，開放時間為星期六、日和節日 10:00 ～ 15:00，入場費用為大人 300 日圓。開館日以外仍會當作公司的設施來用。同時還附設礦山資料館和銅山電話迷你資料館。

89 型車廂

歸途坐的是一般車廂 89 型，以銅為意象的紫銅色就夠復古的了。

足尾銅山觀光

栃木縣日光市足尾町通銅 9-2 / 9:00 ～ 16:30 / 入坑費大人 800 日圓。
銅山坑內可以搭乘遊樂園會有的小型小火車。

吐出滾滾黑煙
壓軸的蒸汽火車
秩父鐵路「PALEO EXPRESS」
埼玉縣

PALEO EXPRESS

除了普通乘車券以外，還需要「SL 座位指定券」
（700 日圓）或是「SL 整理券」（500 日圓）。票券
於發車日的一個月前開始發售。運行期間在每年四
月時～十二月上旬。復出的契機是昭和六十三年
（一九八八）的埼玉博覽會。當時我也是第一次搭
乘 SL 列車，沿線的城鎮風光、觀光景點和鐵路便
當更是樣樣都喜歡，爾後好幾年我都是年年去搭。

SL 便當
埼玉縣，秩父鐵路熊谷站
PALEO EXPRESS 列車內

700日圓　秩鐵商事　需預訂

預訂後就可以在熊谷站或車內取貨，雖然不起眼卻非常好吃。仿照 SL 列車外型的海苔連大人心都會被挑動。包裝是沿線的熱門景點長瀞的插圖。長瀞在大正十二年（一九二三）獲認定為國家名勝自然紀念物，小小的地方有各種區域供閒暇時玩樂。奇岩交織的絕景當中，有船夫划著日式古船順流而下的「溪谷下游」、「寶登山」、「寶登山小動物公園」和其他遊樂場所。

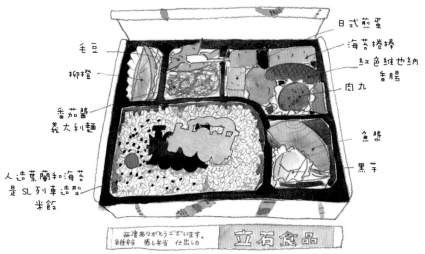

毛豆

柳橙

番茄醬
義大利麵

人造葉蘭和海苔
是 SL 列車造型
米飯

日式煎蛋

海苔捲棒

紅色維也納
香腸

肉丸

魚漿

黑芋

　咦？「咻咻砰砰……」發出的聲音真的就跟想像中的 SL 列車一樣，單憑這點就讓人很感動了。舊國鐵的蒸汽火車 C58 於昭和六十三年以 PALEO EXPRESS 的名義再出發。雖然型號有點小，黑色鐵塊吐出滾滾的石炭黑煙卻有壓軸的魄力。

　星期六、日、節日和其他限定運行日，月臺上會擠滿攜家帶眷的旅客和鐵路迷。孩子初次體驗搭火車，大人重溫懷念的回憶，個個都一副情緒激昂的模樣。從熊谷站到三峰口站全長五十六點八公里的區間，SL 列車會花二小時四十分鐘緩緩行駛。與其說是交通工具，不如說搭乘本身就是在參加市集活動。

　熊谷站月臺和車內會販賣「SL 便當」。其中有紅色維也納香腸、番茄醬義大利麵、肉丸和日式煎蛋……標新立異的配菜齊聚在便當之中，彷彿

巴黎咖啡

昭和二年（一九二七）建築的餐廳，兼具中日西風格。雖然是昭和的基礎商業建築，細部的裝飾卻讓人緬懷昔日的繁榮。現在仍在營業中。

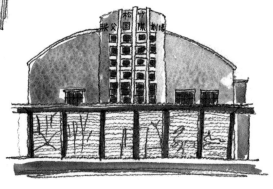

秩父國際劇場（歇業）

原本是明治時代興建的劇場。雖然預定要在平成二十二年（二〇一〇）拆除，不過據說計畫要改建為義大利餐廳。即使在城鎮當中，這棟建築的存在感也很強。

京亭

埼玉縣大里郡寄居町寄居 517
☎ 0485-81-0128 / 11:00 ～ 19:00
逢星期五休息（節日會營業）
早晚皆有 5000 日圓（不含稅及服務費）起跳的套餐，每加 1000 日圓就多升一級。菜色有香魚鹽漬內臟、炭火鹽烤、甘露煮和香魚飯等等。儘管這間餐廳相當時髦，讓人想去光顧，但難得的是店家也會慷慨歡迎散步之後隨興逛到這裡的人。可住宿。

秩父神社

秩父神社在永祿十二年（一五六九）被武田信玄燒毀，爾後由德川家康重建。由於家康是寅年寅日寅時出生，因此神殿四面都雕有老虎。其中以左甚五郎創作的「子寶育子之虎」表情最為豐富。另外正向思考的三猿也是非看不可。

能夠開啟孩提時的回憶。

　充分享受 SL 列車和便當之後，就要在接近終點的御花畑站下車，往秩父站方向散步。昔日靠絹織物繁築的城鎮，遍布許多出色的商家和倉庫。獲指定為登錄有形文化財的有「小池菸草店」（歇業）、販賣味噌醃豬肉的「安田屋」、餐廳「巴黎咖啡」和「秩父國際劇場」（歇業）。非文化財的也有「寶湯」、換了名字的「俱樂部湯」，以及內部設有畫廊的「交流亭」。就算沒有觀光地圖信步而行，也能遇上族繁不及備載的懷舊建築。名匠左甚五郎的雕刻技巧精湛，他以日光東照宮的眠貓聞名，秩父神社也是一絕。

　寄居站當中有一家我醉心的飯館叫做「京亭」。被樹林遮蔽的靜謐宅邸，簡直可以說像是隱居處一樣。料理做得不動聲色，藝術插花……一切都有如自然，而也有改良的地方。香魚料理是這裡的名產，尤其是從六月到八月更能品嚐眼前荒川捕來的天然海產。我最喜歡的魚是香魚！在這古老而優質的建築中，對著最好的料理大快朵頤。這是一趟始於孩童心靈，以大人的時光做結的旅程。

預訂展望席感受諸侯大名的心情
小田急「浪漫特快號」
東京都～神奈川縣

　　附近我常去的觀光地之一是小田原或箱根。雖然也喜歡觀光地，但我熱愛的是小田急浪漫特快號。為了在車內享受特殊的服務，建議事先預訂兩樣東西。第一要預訂的是前面和最後面的展望席。整面裝上玻璃的車窗幾乎不會遮住視線，最適合眺望景色。感覺簡直就像駕駛一樣。展望席不收特別費，所需金額包含在一般費用（運費＋特快號票價）之內，但是需要預訂。

　　第二要預訂的是三種便當。乘務員會算準旅客抵達座位的時間，將美麗的笑容傳遞到座位上來。供應的熱茶也讓人開心。我喜歡源自於箱根大名行列的「大名便當」。仿照日式轎子製成的便當盒乍看之下講究排場，不過擔在肩上的竿子部分是筷子插入的地方，也有孩童般的玩心。便當盒分為上下兩半，上半是配菜，下半是捏

浪漫特快號
設置展望席的車型有最新型的 VSE（前後各 16 席）、懷舊的 LSE（前後各十四席）和 HISE（前後各十四席）這三種。最後面的展望席會讓人覺得像在前進和倒退，真是不可思議。浪漫特快號不但能從新宿站坐起，藍色浪漫特快號 MSE 也於平成二十年（二〇〇八）從北千住站通車。東京 Metro 地鐵內有首列指定座位特快車，不過就沒有展望席了。

大名便當
小田急浪漫特快號列車內

1300 日圓
小田急餐廳系統　需預訂

箱根大名行列是重現江戶時代參勤交代的祭典
（譯註：參勤交代是日本江戶時代的制度。統
治各地封國的大名需率領大隊人馬前往江戶執
勤，一年後才能返回領地），每年十一月三日
在箱根湯本舉行。另外還有銀座大增的「雅樂」
（2500 日圓）和「花之舞」（1800 日圓）。所
有便當都附贈日本茶。非預訂車內販售的除了
電車型的便當和飯糰之外，還有輕食。

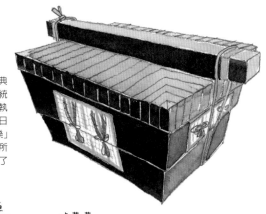

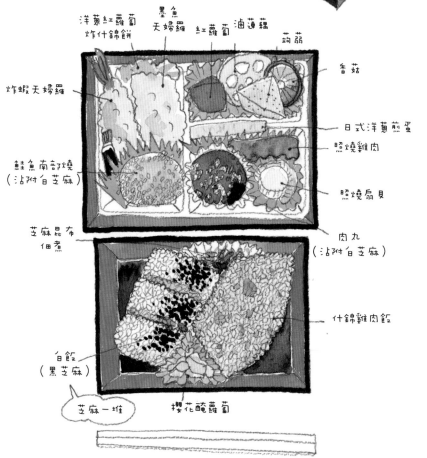

洋蔥紅蘿蔔
炸什錦餅

墨魚
天婦羅　紅蘿蔔　滷蓮藕

蒟蒻

香菇

炸蝦天婦羅

日式洋蔥煎蛋

照燒雞肉

鮭魚南部燒
（沾附白芝麻）

照燒扇貝

芝麻昆布
佃煮

肉丸
（沾附白芝麻）

什錦雞肉飯

白飯
（黑芝麻）

芝麻一堆

櫻花醃蘿蔔

成高雅扇形的什錦飯，以及撒了黑芝麻的白飯。分量適中，不多也不少，當然能以諸侯大名的心情享用。

接下來，正盡情地享受旅遊樂趣時，正好抵達了小田原。小田原是從前戰國大名北條氏的城下町（譯註：城下町是日本古代以城堡為中心建造的城市），這座歷史都市在江戶時代也是東海道的宿場町（譯註：宿場是日本古代的驛站，以宿場為中心建造的都市就稱為宿場町），繁榮一時。車站附近的小田原城址公園當中有象徵這座城市的小田原城。現在的天守閣還原昭和三十五年（一九六○）的風貌，內部展示古籍、武器防具和其他歷史資料，從最頂樓可以將相模灣一覽無遺。小小的遊樂園和動物園雖然跟大城堡不相稱，感覺卻很討喜，市民和觀光客都很愛。

而在踏上歸途時，說到旅遊就是要伴手禮。「MARUTO」位在小田原站前不遠處，特選的魚乾實在很好吃！當地相模灣捕得到的帶脂竹筴魚、高級刺鯧、金目鯛和其他魚類，會以使用天然鹽的傳統工法製成食品。鹽味調配得很絕妙，充分誘發魚隻的鮮味。假如跟買來的山葵醬菜一起吃，就更能襯托其美味。即使回到家中，也能暫時藉此品味旅程的餘韻。

小田原城

園內巨樹繁多，本丸的巨松是市內的自然紀念物（譯註：本丸是日本古代城廓的核心地帶）。開館時間為 9:00 ～ 17:00（六～八月的星期六、日和節日為 18:00）／入館費為一般 400 日圓／休館日為十二月第二個星期三，十二月三十一日～一月一日。

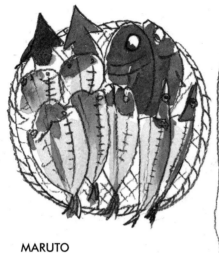

MARUTO

小田原站前的魚乾店、伴手禮店和其他商店
櫛次鱗比，其中尤以「MARUTO」的乾貨為
極品！

報德二宮神社

小田原城址公園的隔壁，有一座祭祀二宮尊
德（金次郎）的報德二宮神社。最近很少看
見的金次郎像也仍然健在。

train 04

享受悠閒的時光
小湊鐵路和夷隅鐵路各站停靠之旅
千葉縣

小湊鐵路和夷隅鐵路

小湊鐵路是行駛五井站～上總中野站之間三十九點一公里的地方線，夷隅鐵路則是行駛上總中野站～大原站之間二十六點八公里的地方線。上總中野站也可以同時看到小湊鐵路和第三部門鐵路公司的夷隅鐵路。五井站保存了一九二〇年代開業當時的 SL 列車。開放時間為 9:00 ～ 17:30 為止，跟站務員說一聲即可觀摩。

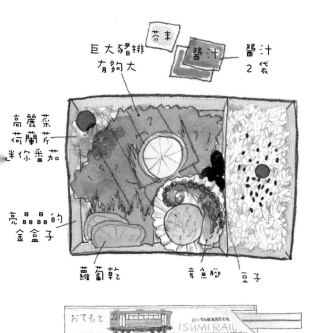

巨大豬排
有夠大

高麗菜
荷蘭芹
米你番茄

亮晶晶的
金盒子

蘿蔔乾　　　章魚腳　豆子

茶末

醬汁

醬汁
2代表

おてもと　ISUMI RAIL

忠勝便當
千葉縣
夷隅線大原站

1000 日圓　傘屋商店　需預訂
仿效戰國武將本多忠勝，討個必勝和「豬」事順利的好兆頭。巨大的豬排雄壯威武。大原站只會在星期六、日和節日販賣，平日需預訂。其他預購便當還有知名的「龍蝦便當」（1500 日圓）。千葉縣的龍蝦漁獲量是日本第一。小湊鐵路沒有鐵路便當！但在起點五井站的聯絡通路上，就可以買到一般的便當。偶爾這樣也不錯。（→ P37）

　　我二十幾歲時對地方線和停靠之旅一點興趣都沒有，後來卻逐漸發現每年要有這份悠閒的時光是多麼奢侈。沿線的城鎮、人心的樸實，就連漫長的等候時間也覺得很有魅力。每次搭電車都讓人開心的，就是行駛在房總半島上的小湊鐵路之旅。車體分別漆成米色和橘色很可愛，車內的長椅之間有圓柱，總覺得很不可思議。裡頭還可以發現有舊國鐵標誌的電風扇。

　　發車沒多久，車窗的景色就變成田園和山丘。首先是在上總牛久站下車。樸素的車站建築小巧雅致，瓦片屋頂的樣式屬於廡殿頂。離下班電車來要等很長的時間，所以就利用空檔坐計程車前往「市原象之國」。這裡是日本國內象隻飼養數最多的地方，能夠遇到許多目光溫和的大象。接著要再次搭上電車，到養老溪谷站下車。嗯，養老瀑布就是在這裡啊。在白鷺橫越的溪谷輕鬆健行，心情真是愉快。

　　前往終點上總中野站之後，就會連接到夷隅鐵路。黃色的車體以春季房總盛開的油菜花為意象。到了終點大原站，總算拿到鐵路便當「忠勝便

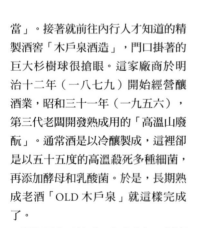

養老溪谷

可選擇符合自身體力的路線健行。我以愉快的心情走了栗又瀑布（養老瀑布）周圍約兩公里的距離。一年當中楓葉最美的時期是從十一月底開始。

市原象之國

看大象表演和踢足球讓人很興奮，牠們是多麼靈巧又可愛啊。除此之外還有各式各樣的動物，扭捏溫馴的水豚已成為我的最愛。

當」。接著就前往內行人才知道的精製酒窖「木戶泉酒造」，門口掛著的巨大杉樹球很搶眼。這家廠商於明治十二年（一八七九）開始經營釀酒業，昭和三十一年（一九五六），第三代老闆開發熟成用的「高溫山廢酛」。通常酒是以冷釀製成，這裡卻是以五十五度的高溫殺死多種細菌，再添加酵母和乳酸菌。於是，長期熟成老酒「OLD 木戶泉」就這樣完成了。

昭和四十三年（一九六八），這家廠商開始製造純米酒。只採用自然農法耕種的米，不用農藥和化學肥料。現在民眾對無添加和無農藥的意識高漲，但在當時正逢高度經濟成長期之際，竟然敢挑戰這一點，真是令人感動。當然，酒的滋味也相當可口，現在就趁著這趟旅程的機會，讓木戶泉的酒徹底變成家中的必備之物。

木戶泉酒造股份公司

千葉縣夷隅市大原 7635-1
☎ 0470-62-0013
觀摩酒窖需事先預約。每瓶酒都是手工製造。雖然樣樣都好喝，但是一段釀製法做成的多酸酒「AFS」很有個性。我從來沒喝過酸味這麼強烈的日本酒，簡直就像洋酒一樣。釀成琥珀色的二十年老酒「古今」出乎意料地容易入口。優質紹興酒般的濃郁醇厚，締造出個性圓滑的熟成感。

鐵路便當大賽

就算人擠人也該去！
應有盡有的鐵路便當天堂。

也有點心和其他好吃的東西。

　不管怎麼說，居代表地位的鐵路便當大賽，還是東京京王百貨從昭和四十一年（一九六六）起，年年舉辦的「元祖知名鐵路便當暨全國美食大賽」。每年一月，電視和其他媒體就會經常報導會場上熱絡、擁擠的氣氛。但若裹足不前就太可惜了。還是去吧！沒錯，這裡是鐵路便當的慶典，二百五十種鐵路便當會從日本全國集結而來。

　心情隨著走近會場而感到忐忑，從電梯出來時則馬上興奮到想要小跑步。拉長排隊人龍引爆關注的鐵路便當很搶眼，但正因為是具有歷史的大賽，所以現場都是精挑細選的產品，很少會買到不好吃的。單手拿著會場上的鐵路便當地圖鎖定目標，但既然是女孩子，則不妨隨意開心地到處亂

逛。一時興起買下來也會有足夠的收穫。

　現場販賣約三十種鐵路便當，跟來自當地的販賣員交涉時夾雜方言也很愉快。在會場的休息處也能吃到連觀光地都很難遇見的溫熱的鐵路便當。當地製作再運送過來的鐵路便當數量稀少，賣完就銘謝惠顧，但現場會陸續陳列各種產品。目光一定會被吸引住，很難乾脆地說要專心挑一個。哎呀！結果就索性買了好幾個。戰利品也滿足了心靈，歸途中甚至讓人覺得像是做了一趟小旅行。

　鐵路便當大賽也會在百貨公司地下室、超級市場、市集活動和其他大大小小的場地召開，請一定要來瞧一瞧。

鐵路便當女子全套用品

身為女孩，真想度過既開心
又可愛的鐵路便當時光。
將非常貼心的產品，
縮小整理後再帶出門吧。

層層捲起來

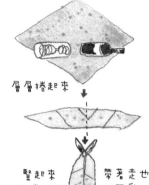

小巧輕盈的望遠鏡
看 SL 列車或小火車時用

深藍
輕薄款

保溫袋
裝溫熱的東西和伴手禮都很方便

豎起來
兩端打結

帶著走也
好可愛

還以為有人
會有開瓶器，
結果誰都
沒帶……

塑膠玻璃杯
酒就不用說了，
茶、水和果汁的質感也會上升一級。

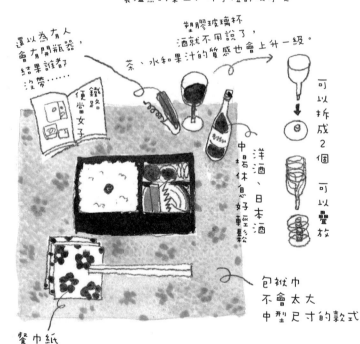

鐵路
便當
女子

中場休息好選公轉厚素

洋酒、日本酒

可
以
拆
成
2
個

可
以
疊
放

包袱巾
不會太大
中型尺寸的款式

餐巾紙
只要有幾張夠分給朋友就行了。
也可以攤開鋪上去。

鐵路便當女子的幸福旅行

只要了解觀光地的名產、名勝和風土，
囊括在鐵路便當之中的鄉土愛，
就會傳達得更為深刻。

長大之後就會想去
世界遺產日光東照宮
栃木縣

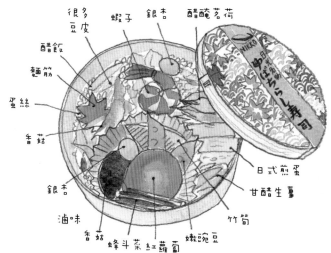

很多豆皮
蝦子
銀杏
醋醃茗荷
醋飯
麵筋
蛋絲
香菇
銀杏
油味
香菇
蜂斗菜
紅蘿蔔
嫩豌豆
竹筍
甘醋生薑
日式煎蛋

豆皮散壽司
栃木縣，東武日光站

850 日圓　油源
製造商於安政六年（一八五九）
創業。第一代老闆油屋源七獲
准出入輪王寺，由點心供品商
開始做起。爾後就推出伴手禮，
現在則在販賣便當和其他產品
（→ P31）

竹葉飯糰
栃木縣，東武日光站

1 盒 5 個 750 日圓　日光鱒魚壽司本舖
這是由鱒魚壽司、姬壽司和散壽司改製
的三種竹葉捲壽司。飯糰形狀小巧適合
跟朋友分享。只要帶去東照宮參拜，一
路上就可以放心了。（→ P33）

　日光東照宮於平成十一年（一九九
九）登錄為世界遺產後，就因近年的
能量景點熱潮而更加炙手可熱。東武
日光站有兩家小賣店在販賣鐵路便
當，於是就買了使用名產的「豆皮散
壽司」，以及同樣使用名產鱒魚的
「竹葉飯糰」。就在等待去東照宮的
公車之際，我先在車站裡填飽肚子，
以備參拜。
　戶外教學以來首次到東照宮參拜，
就先從漆上鮮豔朱紅的神橋出發，沒
多久就會看見日光山輪王寺。我在東
邊服務處發現「二社一寺共通參拜
券」，能夠參拜山裡的東照宮、二荒
山神社、輪王寺，以及輪王寺大猷
院。輪王寺深處就是我最想去的東照
宮。
　寬闊的參拜道路上有座石鳥居，穿
過去之後就是古樸的五重塔。說這裡
只是序幕好像很失禮，五十五棟日本

國寶和國家指定的重要文化財從正門向前延伸到神社內，相當壯觀。鮮豔繁複細膩又氣派的雕刻遍布其中，讓人不住驚嘆，還散發出中國和泰國的異國氣息。眾多美妙的藝術品不遜於知名的三猿浮雕，讓人目不暇給。真不愧是專門祭祀德川家康公的建築群。

總神社權現造樣式的建築是東照宮的中心（譯註：權現造是日本神社的建築樣式，以一種叫做石之間的建築結構，連接供奉神像的本殿和信眾參拜的拜殿）。大廳當中的折上格天井（譯註：折上格天井屬於日本傳統建築工法，是將周圍挑高一層的格狀天花板）能夠看到美妙動人的一百頭龍和三十六歌仙，由狩野探幽及其門生所描繪。看著本地堂的大型鳴龍天花板壁畫，同時聆聽梆子共鳴出來的鈴聲。嗯，聲音跟想像中不一樣啊……

接著就是前往隔壁的日光二荒山神社。據說日光這個地名是二荒日文讀音「Nikou」的假借字，從這裡可以窺見日光信仰的核心。

我在二社一寺繞了大約半天，回過神來已是日暮時分。歷史、文化、藝術和自古以來的山岳信仰，感覺都像是初次見到一樣。傲視世界的文物，長大之後就會更想進一步接觸。

東照宮上神庫的「想像之象」
上神庫在日文中是神明倉庫的意思，據說繪製底稿的狩野探幽沒有看過真正的大象。牆面上有許多龍、麒麟、妖怪和其他想像中的動物。

帶有風情的參拜道路上，有許多歷史超過百年以上的老店，跟寺院和神社關係密切。沒去之前都不知道羊羹店一堆。除此之外，還有裹在紫蘇葉當中的辣椒、酒香豆沙包，以及其他許多好吃的東西。

吉田屋
雖然商品五花八門，不過我會推薦水羊羹。外型切成棒狀，口感和滋味很清淡。

菱屋
一天只熬一鍋材料做出的練羊羹，賣完就銘謝惠顧。壓低甜味很是可口。包裝上的菱形家紋當中是眠貓。

山岳修行者
我在尋找伴手禮時，看見參拜道路的商店街上出現山岳修行者的隊伍，感覺像是要在日光當地修練，頗引人注目。

落合商店
店面是樸素的平房建築。旗下產品「紫蘇裹辣椒」有一般、大辣和激辣口味，1袋530日圓。用鹽巴細細醃過的辣椒，會裹在一片片鹽醃紫蘇中。全程以自古以來的工法和無添加的材料手工作業，香氣和辣味讓人著迷。

美味精進料理的掛單處與「善光寺」
現存最古老的天守「松本城」
長野縣

松本城

入城費 600 日圓。城內有許多陡峭的樓梯,陡峭到無法一眼看到通往最頂樓的階梯。這裡也有我喜歡的原始機關「落石」。天守、渡櫓和乾小天守於十六世紀末建造,是現存最古老的城廓建築(譯註:天守是日本古代城廓當中最具代表性的主體建築,明治時代以後俗稱為天守閣。連接大型和小型天守的懸空通道則稱為渡櫓)。

岩魚壽司
長野縣，松本站／鹽尻站

840日圓　川上

雖然是鹽尻站的名產，不過在松本站也買得到。帶有衝擊性的包裝設計從昭和四十七年（一九七二）開始就沒怎麼變。甜到不行的調味會嚐到昔日的感覺，跟一起購買的信州諏訪當地美酒「真澄吟釀首榨生原酒」相當合拍。

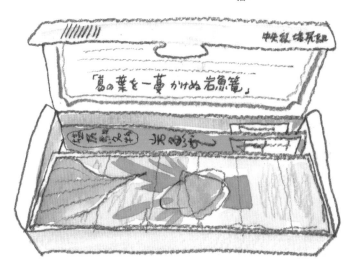

　　前往善光寺，那是我想要探訪一次的廟宇之一。從長野站到表參道直線延伸的中央大街，在大正時代是蓋滿批發店的道路，兩旁有許多防止寺廟遭大火侵襲的灰泥倉庫。近年盛行翻修灰泥倉庫，雜貨店和伴手禮店鱗次櫛比。去了之後，忍不住就買了伴手禮。

　　抵達善光寺之後，就會看見旅遊海報上常見的建築物。真是又黑又大！裝飾不多讓魄力更上一層樓。為了加深參拜的投入感，於是就決定寄宿在「掛單處」。我預約的是三十九間掛單處當中料理評價最好的「兄部坊」。住持會蒞臨掛單處，除了品嚐精進料理和參加「早課」之外，就跟普通的旅館沒有兩樣。

　　晚飯就像套餐一樣陸續上菜。哇！好吃到會改變對精進料理的印象！而且竟然還允許喝「般若酒」。菜餚的

善光寺

這座寺廟創建於六百四十四年，佛教尚未分化成各個宗派的時代。雖然由天臺宗大勸進和淨土宗大本願管理，卻無宗無派。古時候許多寺廟禁止女人進入，這裡卻向男女老幼廣開大門，連女性都允許參拜。「早課」是在一年四季每天早上隨著日出（最早在夏天的五點半，最晚在冬天的七點半）開始的修行。民眾參加「戒壇巡禮」時，就算沒有住在掛單處，也可以憑內陣券（500 日圓）進入。

滋味、樣數和分量都讓人大為滿足。我吃得好飽足，馬上就鑽進了被窩裡。

隔天天還沒亮，旅客就會被執事人員叫醒，帶去參加善光寺的「早課」。天臺宗和淨土宗的僧侶一行人會悄然出現在參拜道路上，並在經過時用數珠拂過參拜者的頭。這種儀式叫做「數珠頂戴」，據說會有福報。接著就是聆聽莊嚴的經文，前往祭壇祕道的「戒壇巡禮」了。地板底下的漆黑迴廊在行進時要九彎十八拐。這還是第一次體驗何謂伸手不見五指。當各種珍奇的體驗結束時肚子就開始咕咕叫，彷彿前一晚的酒足飯飽是假的。確實感受到蔬菜容易消化，身心都在排毒。

住過掛單處之後就要前往松本，將足跡延伸到日本全國十二處現存天守當中最古老的松本城。外觀五層內部六樓的天守相當龐大，黑色的雄姿能讓當時的人膽戰心驚。城鎮當中有許多優秀的手工藝品和室內用品店，就如具代表性的松本民藝家具一樣。不論是長野或是松本，歷史和現代素養與文化極度融合之密切，令人佩服不已。

我在歸途中買了鐵路便當、洋酒和日本酒，到梓號特快車上盡情享用。

八幡屋礒五郎

這家辣椒店元文年間（一七三六～四一）創業，推出最古老的善光寺名產，號稱三大七味粉之一，照理說一定看得到馬口鐵罐裝七味粉。除此之外，還蒐羅了木製的葫蘆、添加辣椒的橄欖油、迷你罐頭造型的吊飾，以及其他適合當伴手禮的品項。

掛單處「兄部坊」

長野市元善町 463
☎ 026-234-6677
據稱創辦時間和善光寺一樣同為六百四十四年。住宿費會依料理不同各收 10500 日圓和 13500 日圓。這裡有醋拌馬鈴薯絲、浦燒風豆腐和豆皮、油炸芝麻麵衣柿乾和其他豐盛的菜餚。招牌料理「法飯」的米飯上面放了五種辛香料，淋上加了高野豆腐的昆布香菇高湯。每道菜都是細膩溫和的滋味。沒有留宿的旅客就只有午餐和晚餐。

B 級美食鐵路便當與
優質釀酒廠
山梨縣

丸藤釀酒廠
（丸藤葡萄酒工業股份公司）

山梨縣甲州市勝沼町藤井 780
☎ 0553-44-0043 ／ 8:00 ～ 17:00（釀酒廠觀摩為 9:00 ～ 16:00）／逢星期日和節日休息（事先預約時可以觀摩），平日沒有預約也能自由觀摩。地下酒窖及畫廊開放觀摩及試喝。從 JR 勝沼葡萄鄉站搭乘計程車約十分鐘抵達。明治二十三年（一八九〇）創業。

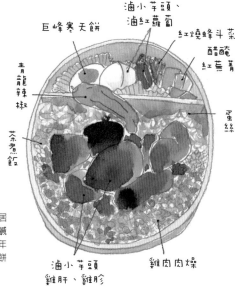

巨峰寒天餅

油小芋頭、
油紅蘿蔔

紅燒蜂斗菜

醋醃
紅薑

青龍辣椒

蛋絲

茶煮飯

油小芋頭、
雞肝、雞胗

雞肉肉燥

甲州雞內臟便當
山梨縣，甲府站

880 日圓　丸政

最近流行的 B 級美食當中以雞內臟滷味居冠，做成鐵路便當就會是這個樣子。甜鹹濃郁的醬汁滋味相當紮實。男性朋友和年輕人應該會喜歡這種味道吧？巨峰寒天餅很有水果王國甲府的風格。（→ P41）

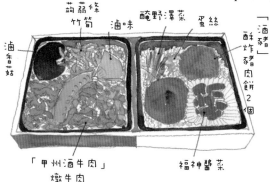

蒟蒻條
竹筍

油味

醃野澤菜

蛋絲

油香菇

「甲州酒牛肉」
燉牛肉

福神醬菜

酒豬
酥炸豬肉餅 2 個

甲州酒養殖
「牛豬雙拼便當」
山梨縣，甲府站 / 小淵澤站

1100 日圓　丸政

內容物分成兩半。牛肉部分是使用「甲州酒牛肉」的甲州甜鹹牛肉蓋飯，豬肉部分則是使用「酒豬」的甲州風醬汁酥炸豬排蓋飯。（→ P43）

　　JR 新宿站冒出外型有點尖銳的甲斐路特快號。所謂的「甲斐路」就是連接首都與甲斐國，運行於中央本線的東京站、新宿站～甲府站、龍王站之間。剛開始綿延不絕的都是眼熟的車站，但以高速穿越之後，就覺得好像與日常脫節。沒多久，就被自然風光所取代，不知不覺周圍就是一片片葡萄田。清爽的綠意蔓延在劇烈起伏的坡面上，我熱愛的酒就在那裡！想到這裡就興奮得坐立難安。

　　但我期待的還是最後前往甲府站購買鐵路便當。品項豐富的丸政於大正七年（一九一八）創業，我選了「甲州雞內臟便當」和「甲州酒養殖牛豬雙拼便當」。除此之外，幕之內便當「甲府站便當」、「精力甲斐」，以及其他命名有當地風格的產品也很

丸藤釀酒廠

旗下品牌名稱「魯拜集」是波斯詩人吟詠的四行詩。第三代老闆掌管期間，詩人日夏耿之介前來拜訪，取了這個名字。「Chariot d'Or」也是由日夏命名，意思是「黃金馬車」，正好符合其濃烈的色調。滋味雖然甜卻喝不膩，從魚類到肉類料理都能隨意搭配。

「風」餐廳

山梨縣甲州市勝沼町下岩崎 2171
☎ 0553-44-3325 ／逢星期三休息
／需預約
壓軸在於主廚會在餐桌旁邊幫忙分切烤牛肉！教會風格的大型空間，將洋酒和料理發揮到極致。

好吃。該不會公司裡有個幽默的人在吧？我一邊想像一邊愉快地吃起便當來。

然後火車就會沿路停靠各站，往勝沼葡萄鄉站行進。車站中有家小賣店能夠馬上喝到玻璃杯裝的美酒，讓人情緒高昂！接著只要搭乘計程車，就會接二連三看到釀酒廠，頻繁得讓人吃驚。我要前往的目的地是丸藤葡萄酒工業。以前朋友送了一九八七年的甲州種長期熟成白酒 Chariot d'Or，讓人很感動。

以前我心想總有一天要造訪這座釀酒廠，結果這個地方比期待得還要美妙，優質的品味熠熠生輝。我去觀摩歷經一百年以上的倉庫和酒窖，有一個同房間大小的混凝土槽早已完成某項使命，現在改建為熟成倉庫。長年來附著在牆壁上的酒石閃爍夢幻的微光，照明的燈具挪用大正時代的害蟲誘殺器，處處都留著依戀和歷史感。第四代老闆大村治夫先生以謹慎的工作態度面對酒。他表示：「我想用只有自己，只有這座釀酒廠，只有這片土地才能栽培的葡萄，釀造世界級的美酒。」

最後我在勝沼釀造直營餐廳「風」享用晚餐。除了自家公司的酒以外，還就近準備了丸藤和其他勝沼酒。了解了當地的情況之後，我重新認識了日本酒，變成徹頭徹尾的粉絲。

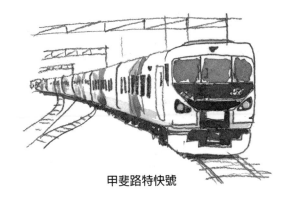

甲斐路特快號

美味絕倫的「星鰻飯」
宮島的絕景與原爆的歷史
廣島縣

宮島

從宮島口站到宮島坐渡輪約十分鐘即可抵
達。包含嚴島神社在內的廟宇和自然交織成
優美的風景。參拜道路上的伴手禮店當中能
夠接觸到名產,看見工匠製作飯勺的模樣,
聞到店裡烤牡蠣和楓葉豆沙包的香氣。

星鰻飯
廣島縣，宮島口站前

1470 日圓　上野

搭配楓葉和鳥居的復古包裝紙也很美觀。要小心熱氣從打開的塑膠袋裡冒出來，就證明了這是剛出爐的熱呼呼便當。也可以在店裡吃，白天一到就會大排長龍。宮島還有許多星鰻飯餐廳和便當，請各位不要買錯了。

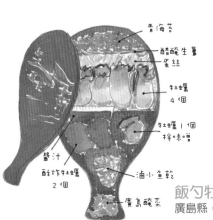

黃薰葡乾

奈良醬菜

油味

1

2

3

4 排星鰻

青海苔

醋醃生薑
蛋絲

牡蠣
4 個

牡蠣 1 個
拌味噌

醬汁

酥炸牡蠣
2 個

油小魚乾

廣島醃菜

剛出爐的熱
呼呼便當，
要小心打開
的塑膠袋會
很難拿。

飯勺牡蠣飯
廣島縣，廣島站

1050 日圓　廣島站便當

季節限定（十月～三月）。（→ P47）

　　假如有人問我鐵路便當之中哪個最好吃，我會毫不猶豫地說「星鰻飯」。以前為了觀光世界文化遺產而去安藝的宮島，漆成朱紅色的嚴島神社鳥居、海洋、島嶼的山巒，無論擷取何處都是風景如畫。廟宇的建築、參拜道路上鱗次櫛比的伴手禮店、逗人喜愛的鹿群……豐富的景點就容納在彈丸之地中。然而，現在吃過了「星鰻飯」之後，目的就顛倒過來，甚至希望下次把便當視為旅遊的目標。

　　與其說是鐵路便當更像是站前便當？宮島口站眼前不遠處開了一家店叫「上野」。明治三十年（一八九七），廠商配合鐵路通車開設茶館，爾後就根據當地料理星鰻蓋飯設計出「星鰻飯」，讓店裡的顧客絡繹不絕。似乎是因為支持者眾，交給我的才會是熱熱的一盒。平常要遇到暖呼呼的鐵路便當根本就不可能。接著我趕緊

宮島的鹿

鹿會吃紙？只要一看地圖就會被鹿大口咬碎，真是嚇人。被害者接連出現。但當鹿用水汪汪的眼睛看著自己時，就沒辦法不原諒牠。

原爆紀念館

搭上廣島電鐵的電車，打開蓋子之後，冉冉的熱氣和香味就湧了上來。星鰻鋪得滿滿的顯得很奢侈，飽滿的口感、絕妙的醬汁和魚雜高湯炊煮的米飯合成一體。哎呀，這個好吃！於是就忘我地埋頭扒飯。

接著就是參觀廣島市內的原爆紀念館和廣島和平紀念館。第一眼看到悲慘事件的記錄時，淚水就停不下來。另外，我還意外看到當時遭到破壞，現在是咖啡廳的房屋，以及世界和平紀念教堂這種打動人心的建築。建設這座教堂是為了憑弔受難者，祈願世界和平。這份肉眼看不到的意念，就以建築的形式巧妙表現出來。

其實對我這個籍貫在岩手的人來說，廣島是個遙遠的地方，原子彈爆炸是在出生很久以前的事情，總覺得好像事不關己。但是像這樣造訪當地，就無法不正眼面對悲慘的歷史。這種想法在發生東日本大震災以後就更加強烈。

世界和平紀念教堂

這是建築師村野藤吾的最高傑作，他以設計新高輪王子飯店、都酒店（譯註：現名為「京都威斯汀都酒店」）和其他建築而聞名。雖然在設計之際舉行過二戰後規模最大的競圖賽，卻沒有選出得獎冠軍，反而由當時身為評審的村野本人負責這起建案。窗戶等處用了松樹、梅花和其他日本風格的主題圖案。

安徒生

這家餐廳正在日本全國展店，不過發祥地就在廣島。這棟建築物原本是銀行，歷經原爆後仍奇蹟似地保留下來。早餐相當受歡迎，排隊時被麵包的香氣包圍也是件樂事。
廣島市中區本通 7-1
早餐 7:30 起供應

重富啤酒吧（重富酒店）

廣島市中區銀山町 10-12
17:00 ～ 19:00
哇！啤酒竟然會這麼好喝。極為平凡的酒店一隅會出現僅限兩小時的啤酒吧。當時我偶然經過才走進店裡，真是幸運。倒酒方式有一度、二度、三度和重富倒酒法這四種，堅持採用昭和的啤酒發泡機倒出溫和的泡沫。雖然感覺上像是要現買現喝（九州的酒店多半會安排一個區域讓客人當場喝掉），不過戴領結的老闆以紳士風度接待，女孩子也可以安心進入。

travel 05

周遊四國貪看金比羅山的
美術館、城堡和溫泉
香川縣、高知縣、愛媛縣

道後溫泉

這是日本三大古溫泉之一，擁有三千年的歷史。夏目漱石也在《少爺》當中讚不絕口。令人詫異的是這並非旅館，而是公共浴場。以前的錢湯就是這樣使用的吧？現場有全套出借毛巾、浴衣、茶飲和點心。松山市內經過復原的 SL 型少爺列車也在行駛當中。

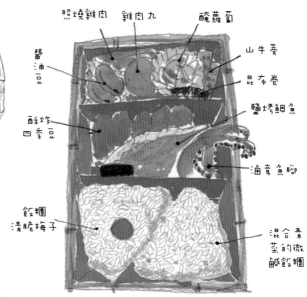

照燒雞肉　　雞肉丸　　醃蘿蔔

醬油豆　　　　　　　　　　　　　山牛蒡

　　　　　　　　　　　　　　　　昆布卷

酥炸　　　　　　　　　　　　　　鹽烤鯛魚
四季豆

　　　　　　　　　　　　　　　　滷章魚腳

飯糰　　　　　　　　　　　　　　混合青
清脆梅子　　　　　　　　　　　　菜的微
　　　　　　　　　　　　　　　　鹹飯糰

托缽者便當
香川縣，高松站

950日圓　高松站便當
瀨戶內名產紅燒小章魚和其
他配菜既均衡又美味，還添
加伴手禮店也會賣的香川名
產醬油豆。醬油豆的做法是
將蠶豆炒出焦痕後，就以砂
糖、醬油、味醂和辣椒調配
的醬汁醃漬。滋味有點甜。

　　俯瞰沿途羅列的美麗島嶼，橫跨瀨
戶大橋前往丸龜。車站前面有我熱愛
的豬熊弦一郎現代美術館。雖然也喜
歡豬熊的畫作，不過建築師谷口吉生
設計的建築也是悠閒好去處，讓人覺
得愉快。這麼高品質的美術館竟然就
在車站前面，怎麼可以不順便走走
呢？再來就是要立刻轉換心情，前往
丸龜城。要在城堡爬坡當然是件苦差
事，不過這裡的還真累人。然而在氣
喘吁吁爬到目的地之後，就會看見相
當迷你的天守閣。雖然覺得掃興失

望，但反過來說也挺可愛的。
　　然而在四國旅行的時候，到處都可
以看見托缽者。真不愧是靈場八十八
處參拜地的風俗習慣（譯註：靈場
八十八處是弘法大師在四國境內朝聖
的八十八間寺廟）。接著在高松站下
車，果然有跟修行之人相關的產品，
名字也叫做「托缽者便當」。疑似竹
皮編織的籠狀容器和飯糰相當樸素，
感覺像是古老傳奇當中會出現的東
西。
　　然後我就搭乘悠閒的琴平電鐵火車

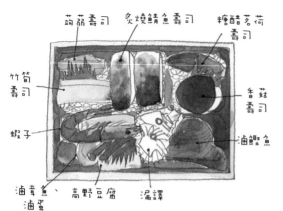

蒟蒻壽司　炙燒鯖魚壽司　糖醋茗荷壽司

竹筍壽司

蝦子

香菇壽司

滷鰹魚

滷章魚、滷蛋　高野豆腐　涸譯

龍馬便當
高知縣，高知站

1000 日圓　安藤外送

從龍馬傳說衍生而來的便當。罕見的鄉下壽司採用茗荷、香菇、蒟蒻和其他蔬菜為材料。名產鰹魚是用滷的。

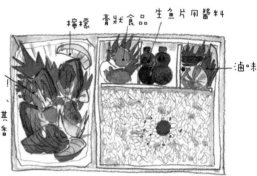

檸檬　膏狀食品　生魚片用醬料

鰹魚生魚片！
茗荷蔥和其他香辛料

滷味

表皮火烤生鰹魚便當
高知縣，高知站

1050 日圓　安藤外送

將生食做成鐵路便當的挑戰精神可嘉。裡頭會確實附上保冷劑。辛香料配果酸醋是當地高知特有的吃法。

前往金比羅山，門前彎來拐去的階梯和依附在當地的伴手禮店是引人入勝的風景。這次我參觀的金丸座，以前曾在這裡看過已故的中村勘三郎表演金毘羅歌舞伎。金丸座是日本現存最古老的劇場，哪怕是沒有戲劇上演時，氣氛似乎也很高昂。以人力運作的旋轉舞臺和升降平臺既原始又有趣。

接下來，我在高知縣買了「表皮火烤生鰹魚便當」。萬萬沒想到，鐵路便當竟然會放生魚片，連龍馬也會嚇一跳。土佐電氣鐵路的路面電車穿梭在市區內，這裡也可以登上現存的天守之一高知城。

我想機會難得，就把足跡延伸至松山，一眼目睹嚮往的道後溫泉。商店街完全就是溫泉街的感覺，只看不買也很開心。明治二十七年（一八九四）興建的近代和風建築，果然如傳聞般美輪美奐。不只外觀動人，內部也頗具風情。西洋風格的浴室當中，源泉直流的溫泉真是相當舒暢。假如在入浴之後到二樓的大廳休息，旅程的疲勞也會一掃而空，迅速恢復精力。反正都來到這裡了，就攻進松山城吧！

丸龜城

天守閣雖然小，卻蓋在總高度六十六公尺的石牆頂端，能夠看見城下町和瀨戶內海美麗的景致。

金丸座
（舊金毘羅大劇場）

於天保六年創建，以暱稱「金丸座」為人熟知。昭和四十五年（一九七〇）指定為日本的國家重要文化財，昭和四十七年（一九七二）起花四年時間移建復原，昭和六十年（一九八五）起舉行「四國金毘羅歌舞伎大公演」。

豬熊弦一郎現代美術館

附設紀念品商店品項豐富，想買伴手禮的一定要去。現場還附設咖啡餐廳。也可以在東京和上野站中央剪票口上方的壁畫中看到豬熊的作品。

可愛伴手禮

這裡會介紹車站和車站周圍買得到的伴手禮。不但要送給朋友，也別忘了自己那一份。

薰香套組
東京都，東京站 GRANSTA

840 日圓　mamegui

這套產品是以九種電車車徽的圖案來包裝迷你薰香。要是用掉就太可惜了，所以一直擺著當裝飾。但在心血來潮時，就會馬上拿來用用看。外觀不只精美，香氣也很怡人。

俄羅斯什錦巧克力
新潟縣新潟市

1 盒 1280 日圓　俄羅斯巧克力專賣店 MATSUYA

這是將葡萄乾、蘋果、無花果、李子和其他材料，用巧克力糖衣裹住的俄羅斯巧克力。以五彩繽紛的紙張包裝十二種巧克力，逐一放進俄羅斯套娃禮盒也很棒。

富山的藥物
富山線，富山站小賣店

1 包 315 日圓起

不愧是富山的賣藥郎，比起實用更像是伴手禮。圖案復古的藥包是單個拆賣，「明天就治好」和「痛痛都消失」之類逗趣的名字也很吸引人。這應該會變成讓人歡笑愉悅的伴手禮。

起上小法師最中餅
石川縣金澤市

7 個 1 盒 840 日圓　金澤浦田

哇，好可愛！一打開盒子，就看見外形像小紅帽的娃娃擠在一起笑逐顏開。討吉利的起上小法師風格最中餅當中塞滿了顆粒紅豆餡，每逢祝賀和探病時就可以拿來送人。

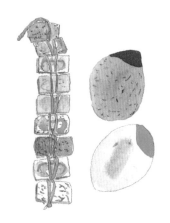

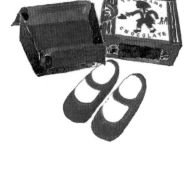

長益餅　柿餅
石川縣，七尾站

長益餅 1 個 105 日圓
柿餅 320 日圓／ 530 日圓　藤屋
青柏祭當中要拉行日本最大的山車「大山」。名產「長益餅」的餅皮和餡料味道樸素，新奇的色彩卻引人注目。這種點心自古以來就用在祝福和除魔上。五彩繽紛的「柿餅」是以炙燒和油炸而成。

橫濱巧克力　紅鞋
神奈川縣，新橫濱站
紅磚倉庫等地

1 隻 273 日圓　X-Port
小小的盒子裡有小小的紅鞋，要挨著順序一隻腳一隻腳穿上去。 穿著紅鞋的女孩子，被外國人帶走了……悲傷的童謠與甜巧克力的組合很揪心。

福德仙貝
石川縣金澤市

5 個 1 組 1260 日圓　落雁　諸江屋
米煎餅外殼仿照吉祥的福氣米袋、敲打的小槌和砂金袋的外觀，裡頭放了開運的小型土偶和金花糖，是會讓人驚喜的點心。咬下仙貝後會出現什麼呢？來占卜一下運勢吧。

海鞘醉明
宮城縣，東北新幹線車内

1 盒 340 日圓　水月堂物產
這是我心目中能在新幹線内買到的小吃第一名。海鞘乾是簡單的鹽味，細嚼慢嚥之後就會冒出海洋的滋味。東日本大震災之際暫時停售，能夠復出真是太好了。

土瓶造型的茶飲

　　土瓶造型的茶飲會振奮旅遊心
情，幫鐵路便當提味。蓋子拿下
來就是茶杯，可以把茶倒進去。
比起直接從罐子或寶特瓶咕嚕咕
嚕飲用，這樣不是很美妙嗎？塑
膠製容器輕盈，是旅程的良伴，
陶製容器則更有風情。雖然土瓶
很罕見，不過上野站「鐵路便當
店　匠」的懷舊「土瓶茶」（630
日圓，附茶包）平時就買得到。
藍色陶製品在自家的下午茶也必
能大顯身手。

鐵路便當女子心愛的東京車站

東京站大幅翻修成女孩會心動的地方。
既時髦便利又好吃，
也不乏鐵路便當。

就如各位所知，平成二十四年（二〇一二）東京站丸之內建築保存復原工事完成，東京的玄關改頭換面，足以稱得上是新名勝。

很久以前我就認為車站的伴手禮有點土氣。不過東京站內部和周圍的大樓配合復原工程逐漸變化，從進駐店家集體開張後就變得便利時髦又好吃。用途廣泛到已經不只是買伴手禮，還可以買自用品和用餐。

GRANSTA 當中也有許多剛成立新據點的店家、期間限定的商店和令人食指大動的菜單，不管去多少次都不會膩。主打車站建築的商品種類也很豐富。

這座車站建築由辰野金吾所設計，曾經守護過許多旅客。自從大正三年興建以來，馬上就要迎接一百年（譯註：大正三年為西元一九一四年，本書日文版於二〇一三年發行，差一年

改頭換面的
東京車站紅磚建築
便利時髦又好吃

就滿一百年）。這段期間也經歷過一些苦難。南北圓頂因為戰禍空襲而燒毀。但由於財政困難，沒能如願恢復原貌。如今透過復原工事喚回建設當時的模樣，在現代綻放魅力。

或許是因為替完工後的外觀拍攝紀念照的人也很多，每每旁觀就不由得感慨萬千。工事途中發生東日本大震災，原本預定用在屋頂上的石板瓦在產地石卷被海嘯沖走。我在地震後的

四月上旬，前往當地拜訪認識的屋頂工匠。儘管當地的公司早就被沖走，他們仍然在面目全非的現場採集瓦片，全力清洗污泥。雖然無法完全搶救回來，但是能使用石卷的瓦片實在太難能可貴了。相信這樣的歷程和意志也會深刻地刻劃更多的歷史。

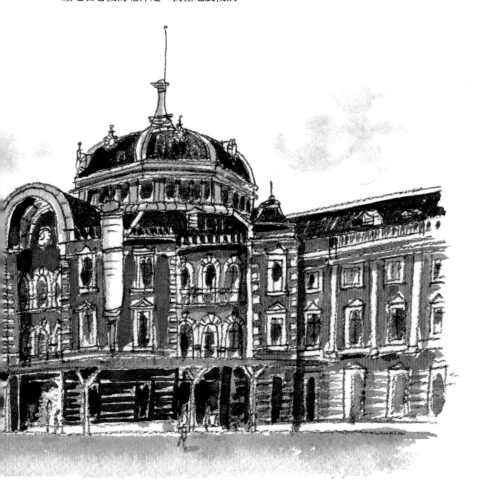

我喜歡東京站的這個地方。
要在車站美術展覽室當中，近距離眺望創建當時的紅磚牆，
以及八角屋頂建築的圓頂天花板。
商店中有許多時尚的作品洋溢獨創性。
還想在車站大飯店的酒廊優雅品茶，
尋找以復原後的屋頂仿製而成的郵筒。

東京車站美術展覽室

附設紀念品商店當中有許多鐵路便當，以及主打電車和車站建築的商品。

郵筒

站內丸之內中央口剪票處的附近，出現了以復原後的屋頂仿製而成的東京站造型郵筒。蓋上刻有風景的通訊日期章，圖案是東京站和旁邊不遠處的東京中央郵局。假如古往今來的東京站風景能夠這樣傳遞出去，一定會讓人很開心。

東京站　鐵路便當毛巾

各 2100 日圓

哎呀！美術館有鐵路便當？原來是毛巾啊。樸實呈現梅子、芝麻和海苔這三種鐵路便當的造型，就算不是鐵路便當愛好者，也是能逗人發笑的贈禮。

東京車站
美術展覽室馬克杯

各 1575 日圓

造型有白磚和紅磚兩種。長期使用之際，還能同時感受東京站的氛圍，絲毫不覺煩膩。

鐵路車站附設飯店第一號。現在看來並不稀奇，但在當時卻因為歐式風格和便利性而經常客滿。充滿復古的房間和酒廊也配合復原工程翻新。不論是住宿，就連在大廳也能感受到十足輕鬆與悠閒的午茶時光。優雅和細膩的服務，真不愧是飯店。謝謝服務生幫忙替咖啡和茶飲續杯。「飯店女僕烤法式吐司」也很賞心悅目，要價 1600 日圓（未稅）。

Brick Block Memo

1890 日圓

堆疊的紅磚？唔唔？拿起來之後才發現很輕。連續翻頁的記事本造型相當逼真，真想記錄下許多事情，就像是翻過歷史的篇章一樣。雖然想用長形便箋一筆交代過去，但總覺得只要拿這個寫一張，對方就會懂。

雖然在以前經營至今的
鐵路便當店和小賣店可火速購買，
但是機會難得，就花點時間前往
「鐵路便當店　祭」、「鐵路便當店　舞」
和「GRANSTA」吧。

鐵路便當店

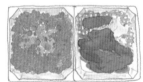

雞肉便當
站內小賣店

800 日圓　日本餐廳事業
小賣店總是有個格子花紋的盒子放在視線的一
隅，這回總算買來吃吃看了。意料之中的滋
味讓人回歸童真心，永遠愛上它。不愧是昭和
三十九年（一九六四）發售的長銷產品。雖然
遲了點，不過以後請多指教。

東京便當
站內小賣店

1600 日圓　日本餐廳事業
這盒奢華的鐵路便當讓東京知名老店的滋味齊聚
一堂。「淺草今半的竹筍滷牛肉」、「魚久的酒粕
醃帝王鮭」、「青木的日式煎蛋」……旅客和東京
人都能體驗在東京觀光的感覺。裡頭附有跟包裝
紙圖案相同的紅磚建築明信片。（→ P21）

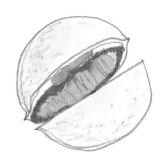

鰤魚下巴肉排便當
「鐵路便當店　祭」

980 日圓　鱒壽司本舖源
季節限定（十一月中旬~四月下旬）

這是富山「鰤魚下巴飯」（p44）的東京站版本。覆蓋脂肪的二公分厚肉排既黏稠又柔嫩無骨，容易入口。醋飯當中有甘醋生薑、酸酸甜甜的辣韭和其他清淡的配料。

炸豬柳加蛋口袋三明治
GRANSTA

470 日圓　邁泉豬排

三明治圓滾滾的十分可愛，讓我在衝動之下購入。就如各位所知，這是邁泉豬排三明治的 GRANSTA 限定版。豬排、醬汁和黏稠蛋黃的潤澤新口感令人感動！不容易溢出來這一點也很理想。

海膽竹籠蒸飯
「鐵路便當店　祭」

1000 日圓　札幌 Barnabas

新千歲機場等地販賣的機場便當有時也會吸引人排隊購買，不愧是北海道的極品。蒸海膽的風味與生吃不同，具有豐沛的香氣，要以淡味襯托。美味的竹籠將所有材料匯集成高雅的料理。

贊否兩論便當
North Court「日本鐵路便當」

1500 日圓　日本餐廳事業

這是跟知名旅館、老字號高級日式餐館，以及預約不到的當紅餐館共同打造的日本鐵路便當系列。監修者是惠比壽日本料理店「贊否兩論」的笠原將弘主廚，電視上也常看到他。輕鬆了解其滋味的機會來了。

GRANSTA

GRANSTA 地下街在進駐店家集體開張後也不斷進化。知名店家開新店，創意商品，限定商品，從每個角度來看都樂趣多多，一定會讓人眼花撩亂。

長谷川酒店

在熙熙攘攘中，這間品項豐富的酒店也同時是現買現喝的酒吧。一踏進去，迷人的酒就會讓顧客糊里糊塗忘了在打發時間。單手拿著喜歡的日本酒，捻起一點可口的小吃，這樣的時光真是幸福至極，平常就會想要順道光顧。「店家隨選三種小吃拼盤」要價 400 日圓。

東京站謹製咖哩

1 盒 1000 日圓　SOLEILA

另有跟東京站謹製燴牛肉合售的套組。即使在主打車站建築的商品中也很有存在感，讓人想不到這竟然是無菌包裝袋。裡頭是薄片狀的奶油炒麵糊，一盒的分量可以料理八盤咖哩和牛肉燴飯。咖哩口味附贈特製可可塊，燴牛肉口味附贈熬煮用的香草束。

車站最中餅

1 盒 5 個 1250 日圓　Awa 家惣兵衛

最中餅的造型是容易入口的棒狀，以偏白的最中餅皮做成略微典雅的車站建築，餡料則是紅豆和清爽的奶油霜。日西食材搭配後的感覺，也很符合東京站的建築樣式。

鐵路便當女子的其他種種

嘗試匯集各種靈感，
讓鐵路便當更有樂趣。
這幾頁就當是附送的小小巧思吧。

鐵路便當容器回收利用法

回過神才發現，個性十足的
容器累積得愈來愈多。
可以用嗎？不能用？
還是會令人會心一笑？

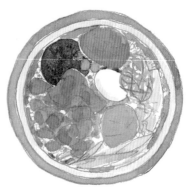

　　容器可說是鐵路便當的魅力之一。假如，我是說假如，假如當紅的橫川「山頂的鍋飯」沒有放在鍋子裡，「明石章魚飯」沒有放在蛸壺裡，「烤文蛤蓋飯」沒有蛤蠣型的容器……沒錯，容器依然是鐵路便當的關鍵要素，讓旅遊的樂趣不斷提升。

　　但是，好不容易把笨重的陶器帶回家，要用來做什麼呢？腦袋竟然一片空白。算了，還是拿來裝醬菜吧？照

理說在觀光地覺得有趣的造型，堆在家裡不到二、三個就嫌礙眼。所以我就積極思考回收利用的方法。有的容器能夠順利找到新用途，有的則不太好用。

　　反正，將鐵路便當容器回收利用，感覺上就是會惹人嘆咮一笑。

　　山頂的鍋飯所用的小鍋子，毫無疑問是回收容器的佼佼者。剛開始拿這個鍋子煮飯，是在上大學剛要開始一

個人生活的時候。就算用電鍋煮一人份，感覺也和在老家跟家人用餐時不同……因此，我就試著用這個鍋子煮飯。我不可能知道要多少水和所需時間，於是就打電話給奶奶再設法做做看。就在不安和期待當中，小小的土鍋煮出相當美味的白飯。從此以後，我就完全喜歡上這個鍋子了。

加了山葵的關東煮
平澤魚板店（王子）

炊煮白飯
1～2人份
土鍋做的飯
好好吃！
（使用好幾次後也可能會破掉）

水耕栽培

站著喝酒的關東煮店，
山葵綽綽有餘！
但在家裡就不能依樣畫葫蘆……

花盆
挖洞是件麻煩事，
將幼苗連同塑膠袋直接
裝進去就好。

山頂的鍋飯
群馬縣，橫川休息站等地

1000日圓　峠之鍋飯本舖荻野屋
製造商在明治十八年（一八八五）創辦於橫川站，昭和三十三年（一九五八）販賣山頂的鍋飯。網站當中會詳細介紹煮飯的方法。店裡使用的鍋子會仔細洗乾淨再使用。所有販賣據點都會回收顧客帶回自己家中的容器，磨成粉末當作瀝青的材料循環再生，真是名副其實的回收再利用典範。

蟹肉飯

特百惠保鮮盒
鐵路便當容器當中
有蓋子可以牢牢蓋上
的款式，可以自由運用。

**佐賀名產
特製散壽司**

滷味的容器
這可以最自然
而然地融入家裡。

山菜松茸與祭壽司

微波爐
這個便當盒
有塑膠蓋，
可以放進微波爐加溫。
之前不曉得是否可以套用，
現在倒是運用自如。

印籠便當

裁縫盒

達摩便當

存錢筒
有個洞開在嘴巴上，
不過蓋子馬上就會打開。
為了增強意志力，
就貼上膠帶了。

香魚壽司

→

鉛筆盒
尺寸有點大，
與其帶著走
不如留在家裡用，
裝很多東西。

明石章魚飯

↓

煮火鍋時
放湯勺和長筷

平常會把
梅乾放進去

免洗筷豎著放

復古達摩便當

↓

驅蚊達摩香爐
不知為何蓋子
上面有開洞，
滾滾濃煙就從
那裡冒出來！
雖然這樣期待……
但氧氣不夠，
火就熄滅了。
只要稍微挪開蓋子
就可以勉強使用。
似乎比驅蚊豬香爐
還要有效。

車站建築

日西合璧的懷舊車站讓旅客感到賞心悅目。
來看看洋溢哀愁的小型車站，列為文化財的宏偉車站，
以及有點附庸風雅的車站。

琴平站（JR 德島縣）

車站建築雖然也很美，但是站前的參拜小路上有狛犬和燈籠排排站，很有琴平的風格。藍色「JR」和紅色「琴平站」的霓虹燈字體浮現在夜空中，帶有妖豔感的景色讓我心儀。這裡離復古的琴電琴平站也很近，後者以琴電這個暱稱為人熟知。
（→ P88）

淺草站（東武線晴空塔線）

松屋淺草進駐的大樓在平成二十四年（二○一二）修建，配合東京晴空塔開幕，還原成昭和六年（一九三一）建造時的裝飾藝術風格。東武線月臺在二樓部分，電車要在橫渡隅田川後以急轉彎開進來。

片瀨江之島站
（小田急電鐵江之島線）

宛如浦島太郎也會順道拜訪的龍宮城，宏偉的建築既有江之島的風格，看起來也與眾不同。除此之外，還有江之島站和湘南江之島站。江之島充滿了海、神社、參拜道路及鐘乳洞這些具有衝擊性的景點。

銚子站（JR 東日本，銚子電氣鐵路）

銚子電鐵以濕仙貝一躍成名。與 JR 連接的車站建築似乎是荷蘭風格？據說以前裝過風車的扇葉，但在破損後就成了現在這樣。破舊的車站，破舊的電車，真是惹人憐愛。加油！去搭個車支持一下吧。

出雲大社前站（一畑電鐵大社線）

出雲大社近年以結緣之神在女孩之間爆紅。離這裡最近的車站竟然是西洋風格，感覺十分可愛。彩色玻璃嵌在魚板造型的綠瓦屋頂上，總覺得是在附庸風雅。最近廢除的 JR 舊大社站仍保存至今，這間就是純和風了。

木造站（JR 東日本五能線）

這裡有逐漸逼近的日本海怒濤、蘋果田，以及世界遺產白神山地。五能線上勾起鄉愁的風景延綿不絕，以極具特色的土偶為主題的車站建築，是在故鄉創生事業的政策下興建而成。從五所川原經由津輕鐵路探訪太宰治的老家也不錯。

門司港站（JR 鹿兒島本線）

這是代表懷舊門司港的近代建築，跟東京站一樣在大正三年（一九一四）興建。其中也有洗手間、洗手盆和其他二戰之前的諸多遺跡。門司港站是第一間指定為日本國家重要文化財的車站，預計在平成二十四年到三十年（二〇一八）修復完畢，現在是臨時車站（譯註：該車站已於二〇一九年全面開放）。

掛川站

只要繞到車站北口就會發現還有一間車站，
這是新幹線停靠站當中唯一保留下來的木
造建築。其建造時間為昭和十五年（一九四
〇），鋪著焦褐色木板的外牆和瓦片屋頂的
建築雖然簡樸，但也有某種程度的規模，
值得一看。

西桐生站（上毛電氣鐵路上毛線）

這座車站於昭和三年（一九二八）開幕，
馬薩式屋頂為其特徵。上毛電氣鐵路號
稱是單車火車，只需花運費就能把腳踏
車帶進列車裡，是貼近當地生活的珍奇
光景。鋸齒狀屋頂和近代建築零星分布
在以絹織物繁榮的城鎮中。

通洞站（渡良瀨溪谷鐵路）

這座車站以日本的礦山術語「通洞」充當
站名，就像足尾鐵路（現在的渡鐵）給人
的感覺。建築本身是德國山間小屋風格。
足尾鐵路的通洞坑於明治十八年（一八八
五）開礦。運用銅山廢坑的「足尾銅山觀光」
從昭和五十五年（一九八〇）起開放為觀
光設施。（→ p52）

日光站（JR 日光線）

日光站於大正元年（一九一二）興建，比
東京站早兩年。優雅的近代建築採用木造
的白色外牆。二樓原本是給頭等貴賓的特
別候車室。長年來設計師的身分是一個謎，
不過當地的鄉土史研究員則查出是當時
二十幾歲的年輕建築師明石虎雄。

遠野站（JR 釜石線）

遠野是民間故事之鄉，以遠野物語、河童傳說和其他古老傳奇，以及連接母屋和養馬小屋的南部曲家為人所知。這座車站以厚重的石造風格建築榮登東北車站百選。二樓是飯店。據說岩手輕便鐵路（現在的釜石線）就是宮澤賢治《銀河鐵道之夜》的原型。

真岡站（真岡鐵路）

真岡站以 SL 列車本身為設計，內部的 SL館有展覽和相關商品。真岡鐵路以星期六、日和節日為中心，一小時約來回行駛一次「SL 真岡號」，簡直就是 SL 列車大集合。這座車站榮登關東車站百選，沿線的陶器當中也有知名的益子燒。

上總鶴舞站（小湊鐵路）

這裡經常被電影和電視當作外景拍攝地，榮登關東車站百選。我以趕時髦的心情在途中下車，小小的無人車站有點……不，是非常寂寞。也難怪會有留言本了。電車來的時候會特別開心。（→ p64）

長瀞站（秩父鐵路）

SL 列車 PALEO EXPRESS 也會在此停靠。紅色屋頂下的郵筒和一棵松樹適合拍照。長瀞溪谷的下游是滿載樂趣的熱門觀光地，有露營區、天然刨冰和寶登山纜車。隔壁的上長瀞站也很復古。（→ p56）

當地美酒

電車旅遊的醍醐味，
就是從白天開始喝酒？
這塊土地上的鐵路便當跟酒一定很對味。

真澄
長野縣，松本站小賣店

這是信州諏訪的當地美酒真澄「吟釀　首榨生原酒」，鐵路便當店有這種冬季名產真令人開心。剛誕生的酒象徵酒窖老闆的精神。另外還有阿爾卑斯酒莊的「SHIOJIRI WINE」和其他當地美酒，真想拿來配鐵路便當吃。

木戶泉
千葉縣，大原站

木戶泉酒造

這是木戶泉酒造的招牌商品，充分展現高溫山廢釀造獨特工法的特徵。山田錦米的鮮味和乳酸菌豐沛的酸味，做成冷酒當然好喝，即使是釀造的溫酒也有出色的美味。就在觀光地中以 720 毫升的瓶裝酒配鐵路便當，品嚐素雅滋味。
（→ p66）

東京站
東京站 GRANSTA

1 瓶 500 毫升 650 日圓
長古川酒店 GRANSTA 店當中備齊日本各地嚴選的日本酒。東京站啤酒是將福生當地啤酒「多摩之惠」在瓶內發酵而成。除此之外，還有東洋美人及其他各種東京站圖樣的瓶裝商品。

TOKYO STATION
東京站 GRANSTA

1 瓶 330 毫升 450 日圓
GRANSTA 丸之內坂區的「LE COLLIER」當中，陳列了以泡沫為主題的酒類和雜貨。除了啤酒之外，還有氣泡酒和白色愛爾酒（譯註：該店已歇業）。

甲州酒
山梨縣，甲府站小賣店

蒼龍葡萄酒

不愧是日本數一數二的美酒產地。到甲州站和勝沼葡萄鄉站旅行時就買得到方便飲用的杯裝啤酒。就以百分之百甲州種的白酒和鐵路便當樂一下吧。

神戶酒便當
兵庫縣，鐵路便當大賽

1600 日圓　淡路屋

與酒相稱的外觀情致，散發出鐵路便當首屈一指的古典格調。正統西式套餐菜色以牛排為中心，與神戶產的夏多內白酒相當對味。請各位盡情享受優雅的鐵路便當時光。

好心情便當
島根縣，松江站

1500 日圓　一文字家　需預訂

真想一起購買搭配鐵路便當喝的酒！於是廠商就把酒放進鐵路便當之中，而且竟然有兩瓶！這兩瓶當地美酒就是辣味的「湖上之鶴」和甜味的「國暉」。夢幻鐵路便當的名稱也叫做「好心情便當」。緊密排列的小吃風格配菜，夾起來吃就會心情好。

這可不是真人，是人偶。

← 人偶

↑ 人偶

本酒館
新潟縣，越後湯澤站

巨大伴手禮專櫃 cocolo 有好多好多新潟土產。有米，有酒，甚至還可以泡酒澡。「本酒館」當中竟然有人喝到東倒西歪，再怎麼說也醉得太厲害了吧！原來是人偶啊，哈哈哈。將多種鹽巴和味噌做成小吃也很適合一般的喝法。

鐵路便當商品

鐵路便當商品沒有那麼多。
懷著但願可以增加更多的期盼介紹給各位。

墨魚飯商品

森站 Kiosk，墨魚飯阿部商店
廠商開發出可愛的紅盒子，以及主打墨魚飯本
身的多種獨特商品。就算不是墨魚飯發燒友也
會想要的珍品，穿戴在身上必定會引發話題。
電話訂購亦可（☎ 01374-2-2256）。

吉祥物吊飾　350 日圓（未稅）
午餐托特包　1500 日圓（未稅）
T恤（白、紅、黑）　1900 日圓（未稅）

葫蘆娃醬油瓶

崎陽軒

這是燒賣便當附贈的醬油瓶。剛開始是玻璃瓶，
二戰後就改成葫蘆造型的瓷器。第一代繪圖者
是橫山隆一先生，第二代是原田治先生，第三
代是柳原良平先生。平成二十二年（二○一○）
首次與四季劇團聯手推出音樂劇《貓》版的葫
蘆娃。

燒賣賀年卡

1 張 550 日圓（不含郵資）崎陽軒

只要購買十五個「傳統燒賣」就可以兌換，買
五張的人還會送滿額贈禮。平成二十五年（二
○一三）送的是葫蘆娃手機擦吊飾。賀年卡無
論是送出還是收到都會很開心。

鐵路便當毛巾

2100 日圓　東京車站美術展覽室

復原工程業已完成的東京站紅磚建築有座美術
展覽室，附設紀念品商店當中販賣許多車站和
電車的相關商品，一定要順便光顧一下。其中
以鐵路便當造型的毛巾最為獨特。(→ p98)

新幹線筷

最近經常看到電車造型的筷子「筷鐵」。除了
0 系列、500 系列、700 系列、黃醫生號、隼
號和 JR 以外，還有阪急電車和其他種類豐富
的款式。當作食用鐵路便當時的自備筷伴遊也
不錯。

崎陽軒橫濱工廠
橫濱市都築區川向町 675-1
☎ 045-472-5890
（受理觀摩預約＝
全年無休 8:00 ～ 18:00）
觀摩時間為星期三、四、五、六
10:30 ～ 13:00，各約 90 分鐘。

觀摩鐵路便當工廠

為了尋找紅透半邊天的祕密，我特地前往崎陽軒燒賣工廠的社會科觀摩。首先，光預約就很麻煩。雖然在三個月前的當月一號開始預約，不過報名人潮蜂擁而至，馬上就額滿了。

當天我看著銀幕學習工廠歷史和製造流程的概要，再實際觀摩。剛開始令人驚訝的是一天約八十萬顆燒賣的龐大生產量，以及從發售以來就沒有改變的簡單烹飪法。這一連串的作業是由能幹到極點的獨家高科技機器人進行。照理說工廠會追求效率努力生產，但有趣的是，運作過程似乎充滿人類的幽默感。將調製後的肉羹放在擀成零點三公釐厚的麵皮上，再以重現人工作業的成型機輕輕包起來。接著要用大型蒸煮機一口氣蒸熟，冷卻，裝箱再包裝，以上都是自動作業。

當地的橫濱工廠則要在完成階段徒手將細繩綁上去。所有員工都會綁細繩，據說幾個專家級的一分鐘可以綁三百盒，出神入化到令人驚嘆。

最後就是讓人期待的燒賣試吃了！能夠真正吃到剛出爐產品的就只有這座工廠，感受到的美味會大不相同。（→ p8）

月臺兜售

許多老字號製造商會從月臺兜售鐵路便當起家。尤其是北海道，現在還可以從札幌站兜售商會、小樽站站內兜售商會、旭川站兜售股份公司和其他類似的商號上看見其陳跡。

猶記得小時候看到小販喊著「便當！便當！」走過來的時候，也會歡欣鼓舞。然而兜售叫賣漸趨式微，已經很久沒有看到這樣的光景。原因之一應該是在於車窗不能開關，車站周圍的餐廳和小賣店繁多吧？

現在會實際兜售的車站少之又少，知名的折尾站（福岡縣）小販也在平成二十四年（二○一二）退休。森站（北海道）的墨魚飯阿部商店，則會不定期在夏天由兼職人員兜售便當。

如今兜售小販也不復存在，索性稍微轉個念，到崎陽軒的工廠觀摩，以仿造東海道線電車的布景為背景，跟小販先生和燒賣小姐的模特兒人偶一起拍照紀念。以前販賣時要越過車窗，所以身高也有限制。現在想想好像很不真實，但是當初燒賣一天只賣了十～三十盒。多虧昭和二十五年（一九五○）出現的「燒賣小姐」，銷售額才飛躍成長。她們在橫濱站月臺身穿紅色旗袍，斜掛彩帶，提著竹籠銷售便當。當時薪水採業績制，燒賣小姐卯足了勁拉抬銷售額，燒賣便當就在熱潮中應運而生了。

這樣的活力，以及在短暫上下車時間內抓緊瞬間開心的交易，期盼可以在哪個車站重現天日。

鐵路便當女子 **6**
專欄
Ekibengirl

消失的鐵路便當，復出的鐵路便當

我的籍貫地東北對木芥子人偶知之甚詳，從以前就有幾個鐵路便當仿照傳統木芥子偶頭設計陶製容器。我也還記得孩提時，老家經常會將容器重複利用。不過，盛岡站的「陸奧木芥子便當」和仙臺站的什錦便當「木芥子故鄉」慢慢消失蹤影，就連山形站的「花笠木芥子便當」（森便當部）也在平成二十四年（二〇一二）春天中止販賣。這個便當以東北四大祭典中的山形花笠祭為意象，將食物漂亮地盛放在容器中，就如木芥子人偶戴上花朵裝飾的斗笠一樣。

反過來說，也有像「復古達摩便當」這樣，將一度停止販售的產品再次喚醒。「達摩便當」以紅色塑膠容器聞名遐邇，但在昭和三十五年（一九六〇）發售當時則使用瀨戶陶磁器。復出的便當以平成版為號召，可以視為「復古」。（→ P11）

另外，還有一些鐵路便當不會全年販賣，而是採期間限定或在市集活動上露面。像是崎陽軒的「燒賣便當」復刻版就是如此。消失的鐵路便當或許還有再相見的一天。

鐵路便當和鐵路博物館

以蒸汽火車迎接遊客的九州鐵路紀念館鄰近門司港站，位置交通方便，面積不大不小，剛好可以在旅行時順便前往。從明治時期就使用的實體車輛和展覽品也可以任意參觀，開朗愉快的氣氛讓人心曠神怡。除了正規的模擬裝置以外，還有車徽和其他復古的零件，其中也有各種可愛的款式。鐵路便當的專櫃雖然只有小

小一角，展覽品卻個性十足，喜歡鐵路便當的人可不要錯過。

死忠的鐵路迷則不妨走一趟鐵路博物館。這裡有兩家小賣店買得到鐵路便當，並可在室內、外的餐桌空位或展示的電車內享用。一樓有兩輛友善車廂，鐵博廣場則有四輛午餐車廂，可以實際沉浸在旅遊的氛圍中。

九州鐵路紀念館
福岡縣北九州市門司區清瀧 2-3　☎ 093-321-4151

鐵路博物館
埼玉市大宮區大成町 3-47　☎ 048-651-0088

關於兩家鐵路便當小賣店的預訂事宜要到日本食堂辦理。
賣完為止。有時會提前打烊。
☎ 048-653-6263 ／ 平日 11:00 ～ 15:00 ／ 星期六、日和節日 10:30 ～ 15:00

鐵路便當女子 **8**
專欄
Ekibengirl

後記

　　最近在日本文化和地方特色逐漸淡薄的趨勢下，鐵路便當依然發揮了地方獨特色彩。從土地上取得的食材，並以自古以來流傳的方法烹調，將魅力和滋味發揮到極致。假如再加上當季的農產，滋味自然更加深奧，堪稱飲食文化的在地代表。把充滿赤忱的料理裝在小小的便當盒裡，這是日本人才有的細膩與感性。既是了解陌生土地的線索，也能深刻覺知自己出生的故鄉之味。

　　有些鐵路便當原本就是冷的，要說相當好吃，倒也不全是如此。但是，其中投入了許多彌補缺陷的巧思、智慧、創意，還有愛。希望大家能以寬宏的胸襟面對這些不完美。旅客既可以在便當種類繁多的大車站選擇美觀、健康、量多、美味，以及自己喜歡的產品，也可以在小車站預訂，偶然的邂逅也是旅途的樂趣之一。

　　要在什麼時候享用？去程？途中？回程？當伴手禮？要跟誰一起享用？不管是一個人，跟同伴一起，或是情人。鐵路便當是連接各個觀光地之間，以及人與人間的心靈橋梁。

然而在刊載文章之際，得知這幾年來有製造商歇業，也看著幾個鐵路便當走入歷史。想起消失的鐵路便當，就連旅途的回憶也帶有些許悲傷的色彩。還以為鐵路便當會引爆轟動，新產品會大張旗鼓推出發售，但事實上，地方線迎來廢線的危機，鐵路便當店也形同風中殘燭。由衷希望大家一定要搭乘電車，享用鐵路便當，讓全日本都打起精神來！相信女孩子就是這樣動力十足吧。從今以後，我也會不停吃吃吃。

　　最後要提的是，這本書是以二〇一〇年在月刊《和》上連載的「哪裡購買鐵路便當」為基礎，繪製全新的插圖。在此非常感謝責任編輯平間素子小姐和淡交社的全體人員，東京電機大學提供協助的研究生武藤舞小姐，以及幫忙做出精美書籍的橫須賀拓先生。

Eri Nakada

索引&鐵路便當列表

126

Eri Nakada

一九七四年出生於岩手縣一關市。畢業於日本大
學生產工學系建築工學科，修完法政大學工學系
建築學科碩士課程。現在在東京千住一間據說約
二百年前興建的「倉庫」開設工作室，以自由工
作者的身分活躍於插畫、寫作、建築設計等多種
領域。

著有《東京散步紀實》（集英社，二〇一〇年）、
《奇蹟的一本松：戰勝大海嘯》（汐文社，二〇
一一年）等書。

作者在大學學習建築時目睹遊廓建築，內心受到
衝擊，從碩士論文研究以來，就把造訪全國遊廓
當作畢生的志業。她經常造訪沒有觀光客的土地，
搭乘地方支線，也為不知何時會在當地邂逅的鐵
路便當魅力所著迷。

www.nakadaeri.com

愛　　生　　活　　　　　　0　4　9

日本鐵路便當圖鑑
豐富食材＋鄉土特色＋在地文化漫遊
駅弁女子：日本全国旅して食べて

國家圖書館出版品預行編目（CIP）資料

日本鐵路便當圖鑑：豐盛食材＋鄉土特色＋在地文化漫遊／ Eri Nakada
著；李友君譯 . -- 初版 . -- 臺北市：健行文化出版：九歌發行，2019.08
128 面；14.8×21 公分 . --（愛生活；49）
譯自：駅弁女子：日本全国旅して食べて
ISBN 978-986-97668-3-8（平裝）

1. 旅遊　2. 鐵路車站　3. 飲食風俗　4. 日本

731.9　　　　　　　　　　　　　　　　　108010874

作　　者——Eri Nakada
譯　　者——李友君
責任編輯——曾敏英
發 行 人——蔡澤蘋
出　　版——健行文化出版事業有限公司
　　　　　臺北市 105 八德路 3 段 12 巷 57 弄 40 號
　　　　　電話／02-25776564・傳真／02-25789205
　　　　　郵政劃撥／0112295-1

九歌文學網　www.chiuko.com.tw

排　　版——綠貝殼資訊有限公司
印　　刷——前進彩藝有限公司
法律顧問——龍躍天律師・蕭雄淋律師・董安丹律師
發　　行——九歌出版社有限公司
　　　　　臺北市 105 八德路 3 段 12 巷 57 弄 40 號
　　　　　電話／02-25776564・傳真／02-25789205
初　　版——2019 年 8 月
定　　價——350 元
書　　號——0207049
I S B N——978-986-97668-3-8